伊與田覺
Satoru Iyota

「人に長たる者」の人間学

修己治人の書『論語』に学ぶ

致知出版社

「人に長たる者」の人間学

――修己治人の書『論語』に学ぶ――

目次

【第三講】大人の学――『大学』を読む

【第四講】人間の天命――五十にして天命を知る

【第九講】道理のままに生きる——死生命あり、富貴天にあり

【第十講】中庸の道を往く——中和を致して、天地位し、万物育す

◆装　幀——川上　成夫
◆編集協力——柏木　孝之

【第一講】

成人と人間学

――物をつくる前に人をつくる

これから一年間、十二回にわたって皆さんとともに『論語』を読んでいきたいと思います。

この会場となった霊山《りょうぜん》歴史館というのは、国事に斃《たお》れた幕末維新の志士たちの遺徳を顕彰するためにつくられたものです。この由緒ある場で、平成の時代に活躍される若い経営者たちがリーダーとしての心得を学ばんとされることは、大変時宜《じぎ》を得たものと慶ばしく思っています。

そして、図《はか》らずも私が連続講義の講師を懇請されました。私は今年（平成十六年）八十九歳、来年は九十になります。呆けも段々進んでいることは自覚しています。また、先輩やら友人やらが次から次へと亡くなっていくということで、この次は私の番かなと思うようになっていますので、はじめは一年のお約束なんてことはお断わりしたいと思っていたのですが、『論語』をもとにしての講義ということで、お引き受けいたしました。

私は七つのときから『論語』の素読《そどく》をして、今日に至るまで一貫して『論語』に親しむという縁に恵まれて参りました。

ちょうど今年は孔子が生誕されてから二千五百五十五年になります。キリストよりも五百五十一年前に生まれたのが孔子です。

また、先ほどもお話をしたように、この霊山には明治維新の原動力となった、いわゆる志士五百四十九柱の中でも、私の郷土の先人である坂本龍馬、中岡慎太郎のお墓がちょうど、この真ん前にあるのも、不思議なご縁でございます。

来年は戦後六十年の節目を迎えることになりますし、明治維新に対して平成維新を断行すべき時が来ているのではないかと思います。

坂本龍馬が暗殺者の手にかかって斃《たお》れたのが三十三歳、中岡慎太郎は三十歳。つまり、明治維新は青年がやったのです。では、平成維新は誰がやるのか。最近は青年がちょっと弱々しい。また人生五十年の時代から人生百年の時代になった。だから平成維新は老人が大いに奮闘すべきだと思います。いたずらに年金のみをあてにするような老人ばかりでは、日本の改革はできません。

私もいつ逝《ゆ》くかわかりませんが、ちょうど灰の中にある埋《うず》み火みたいな、小さな火をかき起こして、それを種火にして、平成維新断行のいささかなりともお役に立つことができればと願い、努めたいと思っています。

ただ、だんだん老化が進んでいまして、忘れることが多い。それから間違ったことは言わないつもりですが、ときには思い違いもあるかも知れませんので忌憚《きたん》なくご指摘をいただきたいと思います。

昔、禅の世界的大家で鈴木大拙《だいせつ》という先生がおられました。この先生の講義を大阪の中央公会堂で、先生の晩年に聴いたことがあるんです。流石《さすが》に透徹した内容でしたけれども、ときに「私、どこまで話しましたかな」と聴衆に聞く。そうしたら聴衆の中から「ここまでですよ」と答えが返ってくる。その声を聞いて大拙先生は「おおそう」と、また淡々と続けられたことがありました。

この大先生でも自分の話を忘れて話をしている。ましてや私もそういうことにならんとも限りませんので、その節はひとつご容赦《ようしゃ》を願って忌憚ないご鞭撻《べんたつ》とご批正《ひせい》を重ねてお願いしたいと思うのであります。

さて、第一回目の今回は「成人と人間学」というテーマでお話をしたいと思います。

物をつくる前に人をつくる

「成人」という言葉には二つの意味が考えられるわけであります。一つは、成年に達しておる「大人《おとな》」という意味です。そしてもう一つは「人と成る」という意味。人と成るとは立派な人間になる、人間らしい人間になるということです。

教学の最も大切なのは「人と成る」ことであります。「大人」という意味の「成人」は特別に努力をいたしませんでも、飯を食って二十歳になればみんな大人になるのです。しかし「人と成る」というのは、その人の努力によって成されるという意味であります。こういうことを身に体しないと、形は人でありましても本当の意味の人とはいえません。

昨今の親の現状を見ますと、確かに動物にも劣るような人間ができてきておるようです。親を殺す子供というのは昔もありました。しかし最近は、子を殺す親が多い。どういうことでしょう。動物以下になったということです。

まあ、そういうことが現在の日本に起きておる。特に文明が極度に進行していくと、人間は非常に堕落してまいります。そしてやがて衰亡していく。世界には多くの文明が興り、かつ滅んでいます。五千年も続いた文明がないのです。エジプトやチグリス・ユーフラテス等の文明発達史をひもといてみると、それは即、衰亡史でもあります。現代のこの進んだ文明がいつまでも同じ調子で進展するとは限りません。

この文明、この社会を救うためには、どうしても人と成ることが大事であると思うのであります。


松下幸之助さんに「物をつくる前に人をつくれ」という言葉があります。これは松下さんの一貫したモットーであります。ある社員がよその会社へ行って「あなたの会社は何をつくっておりますか」と聞かれたら「人をつくっておる」と答えよ、と。これは松下さんの『一日一話』という本の中にあったように思います。

この『一日一話』はインターネットでも見ることができます。今朝《けさ》見ましたら、「日本の資源は人」という言葉が出ていました。それにはこうありました――。

「日本の資源は人そのものです。いま、日本から人を五千万人も取ったら、日本はまいってしまいます。人が多いのは資源の多い姿です。しかも、普通の資源であったらじっとしていますが、人間は働きます。一方で費やすという点もありますけれど、やはりそれ以上のものをつくり出すものを持っています。われわれは、この人間が資源であるということをはっきりと認識することが大事だと思います。また人間という無限の資源を持っているのだということをもっと教えなければならないと思います。もちろん人が多いというだけではダメで、その質をよくすることが必要なのは言うまでもありません」

この「質を良くする」ということが必要なのは今の時代も同じです。

皆さんね、松下幸之助さんという方は小学校四年しか出てないのだけれど、傑出して偉い人だ。私が関係していた会で何べんもお話をしてもらいましたし、晩年には本社で安岡正篤先生を囲んで語り合う明治会というのが年に三回から四回、三年ほど続きました。おかげで私もいろいろご親切にしていただいたことがありました。松下さんは実に易《やさ》しい言葉で話されるが、内容は聞けば聞くほど、その味が出てくる人でした。

あるときの講演は、まるで『大学』という書物の講義をしているように感じられましたので、私は、「あなたはいつどこで『大学』をお勉強されたのですか」と尋ねました。そうしたら松下さんは、「いやあ、私は小学校四年しか出てないので、そんな難しい本を読んだことはありません」といわれたんですね。私はそのとき、「あっ、この人は本から学んだのではない。天から直接学んだのだ」と直感しました。

世界の三大聖人とか四大聖人と称せられる人は、みんな単に書物から学んだのではなく、天から直接学んでいます。松下さんもまた、そういう人なのだと思いました。

そのような天から学んだ人に直接会って教えを受けるのが最上ですが、しかしそれはなかなか容易ではない。そこで、それらの人々の遺した書物を通じて学んでいく。したがって、書物を読むということは非常に大切ですけれども、最上ではないんですな。

まあそういうことでございまして、「人と成る」ということが何より大事です。

私が尊敬した人に、久保田鉄工――今はクボタといいますが――の三代目の社長に小田原大造という方がいました。小田原さんが社長になった時分の久保田鉄工は、まだ大阪の町工場に毛の生えたようなものでした。

その小田原さんが、「機械をつくる前に人をつくれ、人をつくる前に幹部が人と成れ」という訓示をしたんです。それでみんなびっくりしましてね。今まで一所懸命機械をつくって販売しておったのが「人をつくれ」という。「しかも幹部が人と成れ」といわれたものですから、あわてて幹部が私のところへ参りました。

私はその当時大学生の精神道場を創立して間のない頃で、企業方面のことには全く携わっておりませんでしたが、まあ一緒に勉強しましょうというので半年ほど一緒にやったことがあります。

ちなみに小田原さんは、のちに大阪商工会議所の会頭となり、大阪万国博覧会開催に身を挺《てい》して当たられました。

私が「成人教学研究所」を作りましたのが昭和四十四年でございます。「学校教育だけに頼ってはいかん。全人教育をやる。その全人教育をやるためには宿泊をともにしながら師弟同行で切磋琢磨《せっさたくま》する必要がある」――そういう思いでささやかながら大阪の金剛生駒国定公園内の自然林の中に建設したのであります。道のないところでしたが、幸いに自衛隊が手伝って作ってくれました。

そういう場所でありますから、新聞も郵便も配達してくれない。電話を入れようと思ったら八百万円いるといわれた。「そんな八百万円て、嘘八百いいなはんな」と（笑）。それで「ええわ、それなら電話なしでいこう」ということになったのですが、そうしたらまさに陸の孤島です。もうほとんど人も訪ねてこない。

そういうときに一番初めに研修を申し込んできたのが松下電器商学院でした。松下電器商学院というのは、その時分に松下電器の販売店が三万軒ぐらいあったそうですが、その後継者を養成するために人間教育をしてもらいたいという強い要望で昭和四十五年に創立された学校です。今は松下幸之助商学院と名前が変わっていますが、これが滋賀県草津市工業団地内に建物を建てた。しかし学校を作るにあたって大切なものはなんというても先生です。ところが学校の先生は一人もおらん。全員が各事業所から選抜された人たちでした。

そこで、当時学院長に任命された方が私のところに来て、「教職員の研修をお願いしたい」というのです。しかし、私は言下に断わりました。「あなたの会社には金儲けの神様、経営の神様が鎮座ましますす。それに直接学ぶということをやったらいい。私はその任ではありません」と断わった。実際のところ、研修所は開店休業ですから、そこへ言うてきてくれたから有難かったのですがね（笑）。しかし断った。そうしたら、「他によく似たような教育機関がなかろうか」と聞くんです。それで、「山形の鶴岡のほうに東北振興研修所というのがあるから、そこへいっぺん行ってみなさい」と紹介をいたしましたら早速行かれたようですが、帰ってから再び訪ねて見えました。

そこでいうには、見に行ってみて非常に感動したが、二十数名の職員を山形まで長期にやるというわけにはいかない、と。それで「なんとかなりませんか」と再三懇願されるものですから、私は条件を出しました。それは「松下さんの金儲けの手助けはできないけれども、金儲けを止めることなら多少材料がないわけではない」と申しましたところ、「それでよろしい」といわれるものですから断わるわけにもいきませず、遂に研修を諒承《りようしよう》したわけでした。

研修に参加してきた人たちは皆先生になるのだから、まず人間学を修めることが肝要と思い、『大学』をテキストにすることにいたしました。まず『大学』を約五十時間ほどかけて勉強して、その後、『孝経』『論語』『孟子』『中庸』等を勉強して、約五十日かかりました。

商人には商人の道がある。これを商道という。武士には武士の道がある。これを武士道という。お華にしてもお茶にしても、華道、茶道といいます。空手でもはじめは空手術といっていましたが、今では空手道といいます。日本ではすべてテクニックから道に至らないと満足しない。商学院においては、当初から商道科が中軸になって今日に至っております。

それからちょっと遅れて、今度は本社から技術部門の班長の研修を申し込んできました。このときやって来た幹部の方は、「私どもの会社には今三千億円の余裕金があります」といいました。昭和四十四年の話です。その時分の三千億は今どれくらいになりますか。話によると、当時「一年間仕事をせずとも給料が払える」ということでした。あの時分は借金をするのは経営者のすぐれている証拠という時代です。高い利子で借りても、それ以上の収益があったら利子なんか問題ではない。だから人の金を使ってやるというのが経営者の能力。借金も経営者の甲斐性《かいしょう》といわれていました。そんな時代に三千億の余裕金があるのだからすごいことです。

しかし、「このときにこそ物をつくる前に人をつくる。これをやらなくてはいけない。そこでひとつよろしゅうお願いします」といわれました。これには私も非常に共鳴しました。こういうものの考え方をしておる人が企業の中にいるのなら日本の将来は明るいじゃないかと、その人の話を感激して聞いておりましたら、『論語』の一節が浮かんで参りました。

子、衛《えい》に適《ゆ》く、冉有僕《ぜんゆうぼく》たり。子曰《のたま》わく、庶《おお》きかな。冉有曰《ぜんゆうい》わく、既《すで》に庶《おお》し。また何《なに》をか加えん。曰《のたま》わく、これを富まさん。曰《い》わく、既に富めり。また何をか加えん。曰《のたま》わく、これを教えん。【子路第十三】

先師が衛の国に行かれた。冉有が御者としてお供をして行った。先師が「衛の国は人が多いね」といわれた。すると冉有が訊ねた。「おっしゃるように人口は多いですが、もし先生ならこの上に何をなさいますか」。それに答えていわれた。「民を裕福にしてやりたい」。冉有はさらに「みんなが裕福になったらその次に何をなさいますか」と訊ねた。すると先師はいわれた。「道徳を主とする人間教育を施そうと思う」。

先師というのは孔子を指します。『論語』は孔子が亡くなったあと、弟子の弟子ぐらいのところで作られたものであろうといわれております。ここでは孔子のことを先師と呼びますが、『論語』で単独にはじめに「子」と出た場合は必ず孔子を指します。

これはちょうど孔子が五十五、六歳のときのことです。衛の国というのは、隣の国です。弟子の冉有が御者としてお供をして行ったわけです。衛の国は人口は多いけれども貧しそうに見えたんでしょうね。中国というのは発展しておるところもありますけれども、ちょっと田舎に行きましたら、まだ本当に貧乏な生活をしている人が多いです。昔もやっぱり人口が多いけれども貧しそうに見えたんでしょう。

三日も飯を食わない人に立派なことをいうてもいかん。だから、孔子はまず「民を裕福にしてやりたい」といったわけです。すると冉有が、「みんなが裕福になったらその次に何をなさいますか」と尋ねるんです。そうすると孔子は、「道徳を主とする人間教育を施そうと思う」と答えられたのです。

『論語』のこの一章をその松下の幹部の方に示しましたところ、「実は私もこの章を読んできました」といわれました。それでたちまち意気投合して、それからずーっと変わることなく研修は続き、ちょうど去年で三百十回になっていました。その間約三十四年、景気のいいときもあり、悪いときもありました。社長も何人か代わり、教育担当者も代わりました。しかし変わることなく一貫して今日まで続いておる。これはすごいことだと思います。

人間学とは何か

そこで「人」ということですが、この「人」には二面があります。いわゆる「個人としての人」、それから「社会人としての人」。個人のことを今は「人間・にんげん」と呼んでおりますが、これは新しい読み方です。元々は「じんかん」と呼んでおりました。

昔は、一般の人を「世民」と呼んでおりました。ところが唐のはじめの王様太宗《たいそう》の名が世民でありましたので、これを忌《い》んで、その代わりにこの人間という語をあてて「人間・にんげん」と呼ぶようになったんです。「人間・じんかん」というのは「社会」または「社会人」という意味ですね。社会というのは、社《やしろ》の前に会する、即ち日本でいうお宮の前に会するということです。非常に敬虔《けいけん》な名前なんです。

それはそれとして、人間には個人としての人と社会人としての人との二面がある。そして、その個人としての人間には大切な要素が三つあります。それは「徳性」「知能」「技能」です。

ものには必ず本末があります。木でも根があり、幹があり、枝葉があります。根は木の本であり、枝葉は末です。人間の場合は、その「本」になる部分が「徳性」です。その徳性を育てる学を「本学」といいます。教えるという立場からいうと「本教」といいます。

他方、「末」になる部分は「知能」「技能」で、これを育てる学が「末学」、あるいは「末教」です。ちなみに宗教とは人と成るための本筋の教《おしえ》という意味ですね。

こういうわけで、社会人としての要素は道徳習慣、知識技術がある。そして、道徳習慣を修得するほうが本学、知識技術を修得するほうは末学であります。そして、この本学を「人間学」といい、末学を「時務学」といいます。

人間が人間となるために大事な学問が人間学です。この人間学には「三学」があります。

一つは「小学」です。小学とは小人の学、つまり普通一般の人が学んでおくべき基本的なことを学ぶ学問。内容的には「修己修身」の学ともいわれます。

二つ目は「大学」。大人の学です。大人とは他によい影響を及ぼすような人物をいいます。その大人たるべき心得を学ぶ学問が「大学」。いわゆる「修己治人」の学をいいます。

三つ目は「中学」、中人の学です。「中」には二つの意味があって、一つは「結ぶ」。さらに、この「結ぶ」にも二つの面があって、同質のものを結ぶ「混合」と、異質のものを結んでそこから新しいものを作る「化合」の二面がある。違ったものを結び合わせて新しいものを作る「化合」は「化成」ともいいます。これは四千年ほど前からある『易経』という書物の中にある言葉です。

「中」のもう一つの意味は「当《あ》たる」。この当たるのにも二つの面があって、一つは「良いところ」に当たる。これを「的中」という。的は「まと」ですから、その真ん中に当たるのを「正中《せいちゅう》」という。もう一つは「良いとき」に当たる。タイミングがいい。これを「時中《じちゅう》」といいます。

余談ですが、「心中」というのは心が結ばれる。肉体的には結ばれないけれど、死んであの世において心が結ばれて永遠に幸せな生活をする。そういう希望を持って死ぬ死に方を心中という。苦しんで死ぬのは無理心中ですね。それから、食物でも中毒というのは毒に当たるということです。

要するに「中す」というのは、言葉を変えると「調和」である。調和することによって新しいものができる。これが「創造」です。人間は常に創造的営みをやっておるのです。一番顕著なのが、生まれながらにして性を異にするところの男性と女性が結ばれて子供が自然に生まれる。最近アメリカでは同性結婚というのがありますが、あれは道理に反し、もっての外です。

人間は今いったように創造者であるが、さらに偉大なるものは天地である。天地は、万物を生成発展させる最も偉大な創造者です。

人間には男女、あるいは宇宙には天地という異質のものが形の上においてあります。それが結ばれるには、もう一つ大切な働きがある。つまり、この結び役がいる。男女であれば「仲人《なこうど》」が結び役になりますね。「中」にニンベンを書いたら仲人となる。それでは天地を結んでおる働きをなんというか。お互いに引っ張り合っている引力というかなんというか、不思議な力が働いている。この働きによって万物は創造されておるのであります。

その大いなる不思議な働きを「造化」といいます。我々の心の目、心の耳が開けてくると、その形なき形が見え、声なき声が聞こえるわけです。そういう人がいるんです。この造化のことを「天」ともいいます。宇宙の根源の働きです。

松下幸之助さんはこの根源の働きを各工場に神社としてお祭りしておられる。我々が「天命」だとか「天性」だとかいう「天」は、これをいう。無限大の大きな働き。それはまだ現代の進んだ科学をもってしても解明できない。けれども存在しておる。こういう摩訶不思議なる働きを「神」ともいっています。

こういうことで、「中学」とは調和の学であり、創造の学であり、造化の学であり、天の学であり、それは神の学でもある、といってもいいと思います。

ですから、多くの人の上に立つ社長さんなどは、みんな「中人《ちゅうじん》」でなければならない。同質のものだけを結んだのでは大きな力にならない。多くの異質の個性ある人物を集めて、それを調和してそこに大きな働きを生ぜさせるということが必要であります。

野球の監督とかサッカーの監督なんていう立場の人は、皆「中人」になればいい。「ホームラン王必ずしも名監督にあらず」です。それは企業も同じことです。だから、社長さんとかいうような人は中人になる。いつまでも自分の腕を光らせているようではいかん。大工も棟梁《とうりょう》になれば自分のすぐれた腕を捨てなくてはいかん。逆に優れた腕を持った者を生かしていくのが棟梁の仕事です。

自己を修めるための最高の書『論語』

このように人間学には、小学、大学、中学というものがある。そして小学には『小学』、大学には『大学』、中学には『中庸』という手近な書物がある。さらに、大学、中学、小学を網羅した書物、これが『論語』であります。

『論語』を更に一般に普遍する代表的書物に『孟子』という本があります。昔からこの『大学』『中庸』『論語』『孟子』のことを「四書」といいます。これらは二千数百年前にできたもので、『バイブル』や『コーラン』よりもはるかに古く、あるいは仏教の経典よりも古いものであります。ただ、『小学』は約八百年前に四書や古典の中から小人の学にふさわしいものとして抽出をしてまとめたものです。

我々はそういうものを読んできたのでありますが、中でも、一番基本になる手近なものが『論語』であります。したがって『論語』一冊を読むことによって全体にも通じることになる。

『論語』は宗教書ではありません。人間関係を根底にした、そして自己を修めていくための書物です。バイブルや仏典を講じると宗教を強制されると思う人もあるかもしれませんが、『論語』はそういうものに左右されない。しかもそれは一千六、七百年の昔から日本に伝えられた最も古い書物です。

『論語』を昔から読んでいるけれども、読むだけで実行しない人のことを「論語読みの論語知らず」といいます。

最近の人は『論語』はあまり読みません。読まないけれども、しかし長い間にそれが我々の血になり肉となっておるものですから、いうなれば「論語読まずの論語知り」です。皆さんも『論語』を読むとおわかりになると思います。「あっ、この言葉は平生《へいぜい》すでに行っているじゃないか」と、そこに書いてあることが自分の意見と一致する。そうすると、実行するうえにおいても自信ができるものです。

人間は経験と学問がうまく調和されたときに本当の信念となって、人にも自信をもって説くことができると思うんです。

今日科学技術はめざましい進歩を遂げましたが、人間の本質は二千五百年前とほとんど変わっていません。その意味で、我々が『論語』から学ぶものは尽きないものがあります。

これから一年間、それを共に学んでいきたいと思います。

それでは第一回はこのあたりで終わりといたします。

【第二講】

小人の学

――『小学』を読む

前回は「成人の学」についてお話を申し上げましたが、今回は「小学」ということを少し深めてみたいと思います。

小学とは「修身の学」

「小学」というのは前回にも申し上げましたように、小人の学であります。そして小人とは、普通一般の人のことをいう。したがって、誰でもがいつでもどこでもわきまえておくべき基本的なことを学んでいく学問が小学である、ということになります。

今朝、松下幸之助さんの『一日一話』をホームページで見ましたら、ちょうどそのことが載っていました。これで十分だと思うくらい、短い中にその要領が示されております。それは「国民の良識を高める」という題です。

「民主主義の国家として一番大事なものは、やはりその民主主義を支えていくにふさわしい良識が国民に養われているということでしょう。さもなければその社会は、いわゆる勝手主義に陥って、収拾のつかない混乱が起こりかねないと思います。ですから、国民お互いがそれぞれに社会のあり方人間のあり方について高度な良識を養っていかねばなりません。国民の良識の高まりという裏付けがあってはじめて、民主主義は花を咲かせるのです。民主主義の国にもし良識という水をやらなかったならば、立派な花は咲かず、かえって変な花、醜い姿のものとなってしまうでしょう」

この「高度の良識」というもの、これが小学です。「誰でもがいつでもどこでもわきまえておく基本的なことを学んでいく」ことですね。松下さんはまことに易しい言葉で表現しておられます。

誰でもがいつでもどこでもわきまえておくべき基本的なものであるということは、生涯を貫いて学んでいく学問であるということです。自己自身を立派にする学問でありますね。つまり小学とは「修身の学」であります。人のことじゃない、自分自身をいかにつくっていくかというのが小学です。

しかし、教育というものは陶治性《とうやせい》のあるときにやるのが一番効果的ではあります。つまり子供のときです。子供は素直ですから、すっと受け取ります。ところが段々年をとるにしたがって素直さがなくなるものですから、いい話を聞いても耳に入らんということがあります。

けれども、生涯自己自身を立派にしていって、天寿をまっとうして息を引き取るときに、その人間として最も円熟して完成された域になっておるというのが理想だと思うんです。「もう年をとったから今更」というのではなくてね。

私は老人ホームの役員もしているものですから、三月《みつき》に一回ぐらい老人ホームへ行って話をします。そのホームの最高年齢が百二歳。それで『論語』を勉強しとるんです。このホームはちょっと特殊でありまして、『論語』の素読を約五十名ぐらいが全員でやっています。それをずーっと続けていますから、ある程度のアウトラインは摑《つか》んでいる。だから、話も割合すーっと聞いてくれるんですね。

百二歳のおばあさんは、はじめのときはひょこひょこしていましたが、それからえらい奮起しましてね。最近はそろそろと歩くまでになっています。この間、一時間の予定が一時間二十分になりましたが、終始変わらず聞いておる。行く度に元気さが出てきとるものですから、他の人よりもこの人に注目しながら話をしています。私は八十九ですけれども、百歳までにはまだ大分間があります（笑）。

そこの老人ホームには職員が三百人ほどいるんですが、私はときどき、職員たちにこんな話をしております。

皆さんは「年寄りを世話をする」という思い上がった気持ちではなくて、「年寄りから学ぶ」という態度で接することが大切なんですよ。今はもう寝たきりのようになってベッドで横たわっているかもわからん。しかし、八十年九十年と生きてきた人は、生半可に生きてきたものではない。学問をするかしないかは別として、非常に深い経験を内にちゃんともっている。だから、あんた方がそいつを引き出してやるという、その引き出し役になったら、何も頭にないように思われるその中から無限に貴重なものが出てくる。そうすると、あんた方は世話をしながら、この老人から限りなく学んで行くことができるんだ。そして、その老人を「先生」と崇《あが》める気持ちも起こる。そういう尊敬の心をもってお世話をするということです。そして、老人たちもその糸口を作ってくれたと非常に内心喜び、あなた方はまたそれに教えられながら、仕事に携わることができるんです。

この小学にも個人として、あるいは社会人として心得ておくべき基本があります。前にも申しましたように、個人としては生まれながらにして徳性というものが与えられておる。本末からいうと、徳性のほうが本にあるということ。

それから、社会人としては道徳・習慣を身につける。あるいは、知識・技術を修得していく。これも道徳・習慣が本学で、知識・技術は非常に大切ではあるけれども、人間学という立場からすると末学のほうに入るものであるということもお話をしておきました。

習慣の意味するところ

徳性についてはまたあとでお話をするとしまして、今回は道徳・習慣についてお話をいたします。

この道徳・習慣の中で、習慣といえば形に表れるほうであります。道徳は心の世界でもありますので、形に表れる習慣ということからお話を申し上げたいと思います。

漢字というのはご承知のように、もともとは形になぞらえてつくったものです。それを象形文字と申します。その象形文字は一字一字意味を持っておる文字が多い。つまり「表《ひょう》意《い》文字」です。これに対して、アルファベットだとか、カナとかは「表音《ひょうおん》文字」であります（ただし日本語には一音一音に意味があります）。だから、漢字には一文字の中に非常に深い意味、人生の極意が説かれているということも随分あるのです。

習慣の「習・しゅう」という字は、元来は「羽」と「自」の合字であるという説があります。羽は象形文字です。「自」は今では「白」という字を書いていますが、これは「自」の変形したもの。あるいは「白」は鳥の胴を表すというところから、雛鳥が親の飛ぶ様子を見て、自分もあのように飛びたいとはばたきの稽古をすることを「習」というのです。したがって、重ねて行うこと、息が切れるほど繰り返し繰り返し行うことを「習」という。頭でわかっただけでは「習」とはいわない。繰り返し繰り返し行う。

習慣の「慣・かん」というのは「毋」だけでもいいんですね。これは何かというと、昔は貝を金の代わりに使っていたんです。それを通して銭さしといいますが、その象形文字が「毋」。あるいは玉を連ねたという意味もあるが、もともとは銭さしのほうでしょう。

余談になりますが、これによく似た字がある。「母」という字ですね。しかし、毋と母は成り立ちが違います。母という字をよく見ると「女に点々」、即ち乳を持っている。それを子供に与える女が「母」です。母は「ボ」とか「モ」と読む。一方、「毋・ム」という字は「なかれ」とも読む。これは女が前を隠している姿を表しています。最近はだいぶ様子が変わってきとるようで、暑くなるとショートパンツで大道を闊歩《かっぽ》する女が出てくる。そういうのは文字本来の意味からいうと、女ではなくなっているわけです。

いいものは隠すという「奥ゆかしい」というのが東洋の精神です。ところが西洋の裸体像などは神様から与えられたものだから大いに見せてもいいじゃないか、というわけで大道に裸体像が出されておる。あれは東洋的ではないんですな。

話を戻すと、要するに「習慣」の「毌」という字は「銭さしのように貫く」という意味で、そこに丁寧に貝をつけた。貫くためには、心を変えないようにしなければならない。我々の心というものはコロコロ転ぶから心だと。人間の心の中には欲望が無数にあるわけですね。しかし、何かやろうとしたら、たくさんある心をひとつにまとめなくてはいかん。十の心を一つの心にまとめたものを「志・こころざし」というのであります。「志」を立てることを「立志」ともいう。リッシンベンというのは、心を立てるということです。

だから、心を変えないで一つのことを貫き通していく。そうすると慣れてくる。「慣れる」というのは、抵抗なしに、無意識的に行われるようになったときに、「慣れた」というのです。「習慣」というのは、繰り返し繰り返し行って、それが抵抗なしにできるようになったときに「習慣化された」というのですね。

人間は躾《しつけ》によって大きく変わる

この「習慣化」のことを日本では「躾をする」といいます。躾というのは、「身・しん」と「美・び」という二つの文字を合わせてあるんです。だから、躾ができていると立ち居振る舞いが美しくなってくる。

しかし、これは日本で作った文字です。そういうのを「国字」という。漢字に対して国字。だから「躾」には音《おん》がない。「身」は「しん」、「美」は「び」「み」などと読みますけれど、音がない。中国人がこの字を訳そうとすると苦労するんです。

こういう文字はたくさんあります。たとえば、十文字の道を「辻」といいますが、これは「十」と道のシンニュウが合わさっている国字です。これも音がない。だから「辻田」

なんか訳そうと思ったら大分苦労しなければならない。あるいは、山ヘンに上と下を書くと「峠」という字になるが、これも国字です。

さて、躾で一番に思い出すのは、着物を縫うときの躾糸です。あれは布を折り曲げて元へ返らんように仮縫いをしておくんですな。元へ返らんように押し付けておかなければいけないんです。したがって「躾」というのは「押し付け」ということなんですね。本縫いができたら、躾糸は必要なくなりますから、これを取り払うのです。

私の小さい時分には、よく母が着物を縫ってくれました。絣《かすり》なんかも織ってね。そしてそれを縫うて「できたよ」と。喜んで着て外へ出ていったら「躾糸がついとる」と笑われました。そういうものでありますけれども、「躾」というのは「押し付け」というのでありますね。

我々がものをしていくうえにおいて、自由に任せてそれができる、即《すなわ》ち「自律」というのがベストです。けれども、苦よりも楽なほうへと進みたいというのが人情でもある。だから、楽なほうへ行って、せっかくやりはじめたものでも腰砕けになってしまう人が多い。

その点からしますと、「他律」即ち外から強制すると、はじめは嫌だと抵抗を感じるけれども、やってるうちにそれが身について、そうすることが一番自分にも都合がいい、楽しいと感じて無意識に行われるようになってくる。そのときに習慣化されたというのです。結論からいうと、躾は外から強制をしたほうがよろしいということですな。だから、習慣には強制が伴うといってもいいぐらいであります。

現代、先進国の中で躾が非常に乱れているのが日本人だといわれております。もともと日本人は東洋の君子国といわれて、西洋人も驚くような立派な習慣、躾をもっておった国民なんです。これが今、最下位にもってこられたのはどういうところに原因があるのか。これは戦後の誤った自由教育がなしたものであります。自由主義を間違えて勝手主義になってしまった。松下さんがいうように、「自由と勝手」ということを取り違えてしまったのです。「強制するということは、人権を無視することや」とね。

皆さんはどういう教育を受けられたのか知りませんが、戦争が終わったあと、しばらくは体操でも「号令をかけたらいかん」といっていました。「前へ進め」というたらこれは命令や。「右向け右」というたらこれも命令や。人が人に命令をするということは人権を無視することだから頼まにゃいかん。「どうぞ、前へお進みください」「どうぞ左をお向きください」といわなければあかんというふうに勘違いしたんですね。

そこに大きな間違いがあった。自由主義はいいんですよ。しかしそれを誤って受け取って勝手主義になったところに問題があったわけです。

さて、『論語』の中から習慣についてふれているところを一つ挙げてみましょう。こういうのがありますね。

子曰《のたま》わく、性《せい》、相近《あいちか》きなり、習い相遠きなり。【陽貨《ようか》第十七】

先師がいわれた。「人の生まれつきは大体同じようなものであるが、躾によって大きく隔たるものだ」

この「習」という字を習慣の「習」ととってもいいんです。人間は躾によって大きく変わってくるということです。二千五百年前に、既にこういうことがいわれていたわけです。

まあ、人間の生まれ、人間性というものは、そう大きく変わるものじゃない。他の動物と人間とは違うが、人間同士はそう大きく変わるものではない。しかし、躾によって大きく変わるということなんですね。

掃除の習慣が人間の心を育てる

そこで習慣の具体的なものとして二、三考えてみたいと思います。

『小学』という書物の中に挙げられている習慣に「灑掃・洒掃（サイソウ）」というのがあります。サンズイがついていることからわかるように、水を注いだり雑巾で拭いたりすることを「灑・洒（サイ）」といいます。「掃（ソウ）」はいうまでもなく「掃く」ということでありますから、「灑掃・洒掃」とは我々が使っている「掃除」のことであるといっていいのであります。つまり、掃除の習慣をつけるということ、これが『小学』の習慣における非常な重要項目であるということです。

掃除とはいうまでもありません、部屋をきれいにする、洗濯するなども「灑掃・洒掃」の中に入れてもいいぐらいでありますけれども、要するに外面的にきれいにすることを行うと精神が育てられていくのです。

人間は生まれながらにして清潔を好む。赤ん坊がおしっこをしたり、うんこをしたりしたら泣き出しよるのは清潔でありたいから、親に「取り替えてくれ」と要求しておるのです。汚れているのが嫌なんです。それを取り替えてやれば、またスヤスヤと眠る。

掃除というのは、そういう生まれながらにして誰にでも与えられている清潔を好む心を育てていくものです。

昔のお母さんというのは偉かったと思います。オシメを替えるのね、大変だったと思う。最近は紙おむつなんかできて、おしっこをしてもお母さんは知らん顔をしとる。これはあんまり良くないですね。手間は省けるかもわからんけれども、子供の清潔を好む心を育てるうえにおいては必ずしもプラスではない。

それから、人間は生まれながらにして明るい面を好む。赤ん坊のときには首も回らんような児が、いつの間にか窓のほうを見ている。「ああ、こりゃいかん」と向きを変えてやったりする。あれは明るいほうを求めとるんですな。

子供は暗いところで育ててはならん。日中は明るいところで育てることが大切ですね。その明るい心を掃除をすることによって育てるのです。子供というものは神のごとく素直な心を持っている。この素直な心を育てていく。清く明るく直《なお》き心。これを育てる。この心が日本の神道の精神であります。神の心です。

掃除をすることによって、段々人間を高い神の境地に近づけていく。掃除はこういう効用を持っておるんです。

松下幸之助さんは、「このままではいかん。政界も乱れてきている。これを覚醒《かくせい》せにゃいかん」と日本の将来を憂えて「松下政経塾」というのを興しました。その政経塾の学生というのは大学を卒業した優秀な者が多いわけですが、塾生に向かって松下さんがいつもいった言葉は「毎日掃除してるか」「素直な心が大事だよ」。これだけは必ずいったそうです。子供にいうようなことですが、これが大切だ。まさに「清明《せいめい》直の心」、これが基本だぞといっております。

京都は禅宗のお寺の多いところです。禅宗の修行の大切なことに掃除がある。永平寺《えいへいじ》にでも行ってご覧なさい。一キロも続いているような長い廊下を、雲水《うんすい》は朝早く起きて、四つん這《ば》いになって拭いています。床に顔が映るくらいまで磨いています。ワックスをかけて磨いたわけじゃないんですな。

それから一番大事なのが庭の掃除。苔の中にある小さな草一本までも取る。あれが一本一本丁寧にひけるようになったら修行がだいぶ進んでおる。ええ加減にやっとるのではないんです。お宮も草一本もなく掃き清められた境内《けいだい》に入ると、自ら清明直の神の心に通ずるのであります。

だから「灑掃・洒掃」というのは単なる外面的なものではなくて、人間の心を育てるうえにおいて欠くことのできない非常に大切なことなのです。

人間関係の根本に礼がある

習慣の中には「応対」というのもある。「応」というのは「応ずる」ということで、呼ばれたら「はい」と返事をするのが「応」であります。「対」というのは、聞かれたらそれに対する適切な言葉をもって答えることです。人間関係というものは応対によってスムーズにいくわけです。

その応対で大切なのが「禮」というものです。「禮」は元来神様に対するところから起こったものです。

「ネ」は「示す」という字です。神にかかわるものには「示す」がついている。神社の「社《やしろ》」もそうですね。それから、つくりのほうは高い足のついた台、それに形よくお供え物を載せた象形文字です。そのお供えが多いときには、一本中に入って「ホウ」という字に変わります。

神様にお供え物を捧げる、これが「禮」であります。「祭り」という字は「神を祭る禮」であります。

この「祭」の「月」は肉を表す、「又」は手を表す、「示」は神を表す。つまり、「神様に肉を捧げる」というのが一番丁重なお祭りなんです。日本では四足は捧げませんけれど、生の鯛を捧げます。そういうわけで、「禮」というのは神様に対するような気持ちで人間と人間とが交わるということです。

つまり、我々お互い同士の礼も、「こちらの心を相手に伝える」ことが本来であります。その心を伝える手段として、いろんな形があるわけです。だから、形はよく整っていても心がこもってない場合には、相手には通じない。これを「虚礼」といいます。これは商売でもそうだと思いますな。


私は戦後、学校の教員を辞めまして印刷屋の職工に入ったことがあります。そして、いっぺん営業をやってやろうと思って外へ出たところが、なかなか注文をくれんのです。礼儀はちゃんと整っているんです。学校の先生だから礼儀はわきまえているのですけれど、頭を下げるだけではあかんのですな。やっぱり心がこもっていないといかんということに気がついた。

ある大きな注文を取ろうと思って大阪国税局へ六十九回通ったことがあります。毎日行くのですが、向こうは「注文はありまへん、注文はありまへん」と毎日いう。ないはずがないがなと思うが、「ない」というからしょうがない。でも、六十九回も行きよったらね、断わるのも向こうに断わりようが段々なくなる。「今日はどんな顔して断わるかな」と多少は興味をもちながら通っていました。

ちょうどその頃、東京から私の恩師が見えました。修養団を興した蓮沼門三という方です。この蓮沼先生に「六十九回も通ったが注文をもらえんので、これでやめようと思う」と申しましたら、先生曰わく、「お百度参りということがあるぜ」と。それで、「よし、それじゃ百回行ったろ」と気を取り直して、今度はお百度参りをするつもりで行く決心をしたところが、その翌日に先方から「注文あり」と電話が入った。それでまあ宙を飛ぶようにして行きました。はじめてでしたけど大きな注文をくれたんです。

やっぱり「礼」というのが大切なんですね。

私の勤めた印刷屋の社長というのは立志伝中の人でして、朝はいつも七時半に会社に出て受付に座っているんです。それで約三百人ぐらいの従業員の挨拶をずーっと受けている。この人は、お客さんが来ると礼の仕方で判断しよるんです。あんまり粗略な挨拶をするのはちょっと……。それから非常に深く頭を下げて挨拶をする人は用心せないかん。あいつは礼は深いけれども金払いは悪い、とね。やっぱりそれに相応する礼をしなきゃいかん。まあこういうふうでありまして、「礼」というのを重んじた。

礼の精神と挨拶の三宜

「礼」のまず第一の心は「敬」。「敬」には「慎む」という意味があります。「慎む」というのは、自己自身を慎むということです。体と心を引き締める。これを「慎む」というのです。礼の原典になる『礼記』という書物には、「礼は慎みにあり」といっています。これが根本です。人に対する前に自分自身をグッと引き締める。そうして相手を敬う。

次に「謝」。神に対すると同じように「謝」する感謝の心が大切です。

そして「謙」「譲」。二宮尊徳の思想の中で一番大切なのは「譲る」ということです。自譲とか他譲とか推譲なんていう言葉を使って「譲の精神」の大切さを教えています。上杉鷹山《ようざん》が貧乏の米沢藩を立て直した根本の精神も「譲」でした。米沢に行くと興譲館というのがあります。譲を興す。この「興譲」は『大学』の中にある言葉です。

それから「和の精神」が大切です。

こういう心を内に秘めながら頭を下げる。「敬」「謝」「謙」「譲」「和」という精神で

「礼」を行えば相手に通ずる。日本では頭を下げるのが「礼」です。握手するのも「礼」の一つです。形はいろいろ違って参りますけれども、根本にそういう心を持つことが大事なんです。

その「礼」の中で、我々が日常一番よく行っておるものは「挨拶」であります。「挨」も「拶」も「触れる」とか「押す」という意味があります。石と石が触れ合ったら火花が飛ぶ。電気が触れ合うと稲妻が出る。人間が触れ合ったときには、挨拶によって人間関係はスムーズにいくんですね。だから、挨拶にはじまって挨拶に終わるということは、今更私がいうまでもないことです。

この挨拶に大切なことが三つある。

その一つは「時の宜《よろ》しきを得る」ということ。人間の心というものが最もよく表れるのは眼《まなこ》です。目は口よりものを言う。眼《まなこ》というのは常に真実を物語っている。だから礼をするときには、はじめに相手の目をよく見る。そして頭を下げて起こしたときに、もういっぺん相手の目を見る。だから、目が合うということが大事。相手を見ずに頭だけ下げるような礼のことを「瞽礼《これい》」という。
中国の宴会に行って大切なのは「カンペイ」ということです。本当の「カンペイ」というのは、盃を持ってまず相手の目をよく見る、酒を飲み乾したら盃の底を見せて相手の目を見る。それで言葉は通じなくても心はよく通じるんです。
犬と人間とも同じことで、お互いに目を見合うたら言葉は通じないけれども心が通じるものなんです。

挨拶に大切なことの二つめは「言葉の宜しきを得る」です。「おはようございます」とか「こんにちは」とか、そのときに応じて言葉を変える。また「おはよう」「おはようございます」というように、相手に応じて言葉を変える。これを瞬時に判断をして適切な言葉を使う。「言葉の宜しきを得る」とはこのことをいいます。

三つめは挨拶の内容が道理に適《かな》っていること。無茶な言葉を使わない、そういう挨拶を「事の宜しきを得る」と申します。侠客《きょうきゃく》の挨拶を「仁義を切る」といいますね。侠客というのは本来、強きをくじいて弱きを助ける。人間の道義の根本をなすものは、義理と人情です。だから、仁義に適った挨拶をする。

こちらが仁義に適った挨拶をしているのに、向こうがそれに応じない場合は「血の雨が降る」なんてことになるわけでありますな。俠客は命よりも仁義というものを重んじているのです。

そういうことで挨拶には三つの宜しきを得ることが大切である。これを「挨拶の三宜《さんぎ》」といいます。このことを幼少の時分から繰り返し繰り返し行っておりますと挨拶というものが身について、どこから見ても麗しくなる良い躾がついてくる。にわか仕立てではどことなしにぎこちない。やっぱり幼少の時分から、あるいはいつもこういうことを心掛けて挨拶をいたしておりますと、どこから見ても感じが良くなるものです。

立ち居振舞いをわきまえる

礼についてはもう一つ、「坐作進退《ざさしんたい》」が大切です。平たくいえば「立ち居振舞い」のことです。立ち居振舞いというものは、国により、あるいは民族によって違っておるものです。だから、それぞれ自分のところの礼儀作法を十分わきまえて、また相手のそれをもよく知って、「郷《ごう》に入《い》れば郷に従え」で相手に合わすだけの素養をもたなくてはなりません。

日本には日本の立ち居振舞いがあります。ところが今の日本人は、日本人自身の立ち居振舞いを知らないままに外国に行って、外国のやり方がいいんだとそのままに模倣している。その結果、立ち居振舞いのあり方がはなはだ混乱しているというのが現実でしょう。

立ち居振舞いが一番よく表れるのは茶道です。日本人であれば、少なくとも茶道の姿形などはわきまえておくことは大切ですね。

京都に国際会館というのがありますが、そこの理事長をしておられる稲盛和夫さんが「京都賞」という国際賞を出しております。私は大概案内を受ける。最近はちょっと行きませんけども、前はよく参りました。受賞者は外国人が多いものですから、そこに裏千家が出張していまして、お茶を差し上げるんです。外国人は日本にくると、やはり日本の特徴というものを知りたい。だから、そういうもてなしをいたしますと「あっ、日本に来たな」という非常な喜びを感じるようです。

孔子さんの七十七代の直系になる孔徳成という先生が来られたときに、いっぺん日本の生活を体験したいというので京都へ案内をして、ある料亭に連れて行って純粋の日本料理で、芸者にも来てもろうて歓待させてもらいましたら、大変に喜ばれました。

西洋人が来ると私はよくお茶室に案内しました。日本人は座っておるから彼らも座ろうと思うけれども、男の大部分は坐れない。腰が脚につかないのです。女の中には座れる人が相当数おりますけれど、それでも無理して座ろうとしている。しかし、それで日本の生活を体験したといって非常な喜びを感じて帰られます。

私はホテルなんかでも日本料理を思い切って出したらいいと思う。ところが、日本の酒をガラスのコップで出してみたりする。あれでは日本の本当の酒の味はわかりません。やっぱりいい焼き物で手触りもいい日本の器《うつわ》でもてなしたほうがいいですな。

ともかく、日本の立ち居振舞いというものを我々はわきまえておかなければならない。最近は相当洋式になりましたが、まだ畳の間もありますし、そういう場を歩くときの歩き方、座り方、立ち方、こういう作法もちゃんとあるわけです。平素から心してわきまえておく必要があります。

履物の脱ぎ方は人間のあり方を表す

日本では履物《はきもの》を上履きと下履きとを明確にしています。これは日本人の特色だと思います。今は相当に洋風化していますけれども、それでも下履きのままで寝室まで入るようなところはまだあまりないんじゃないかと思いますね。

一流ホテルへ行ったら寝室までみんな下履きで入ってくる。あれまだ動物の世界から離れていない。日本には、ちゃんと草履《ぞうり》とか下駄とかいうのがあって、しかもこれは誰でも履けるようになっている。そのため右と左がない。向こうのほうは個人主義というか、右と左は違いますな。

私のところに昔よく岡潔《おかきよし》という数学の大家がおいでになった。戦後まもなく文化勲章をもらった大学者でしたが、風采《ふうさい》は全く構わず、天気の良い日でも雨靴を履いてくる人でした。その時分はまだゴム靴です。私と玄関で夢中で話をしながら、ゴム靴を履く。そのときに「先生、ちょっと右左違います」というと「ああ、さようか、西洋の履物は便利が悪いな」——そういいながら履き替えるかと思ったらそのまま。そういう人でしたけれどもね。

靴なんていうのはその人に合うた靴でないといかんでしょ。それで右と左は分けている。それで寝室まで上がっていく。その点、日本は上履きと下履きがちゃんとしている。

そこで、履物の脱ぎ方ということが非常に重要になってくるんですね。それを「脱履・だつり」という。まあ、いくら進んだ動物でも履物を履くのはおりませんからね。最近ペット時代だというても、動物は履物を履きません。世界の人間の中で一部は裸足で歩くのはおりましょうけども、大部分は履物を履いている。このことが人間と動物の違うところなんです。

「大」という字は人間を前から見たもので、「人」を表す。ところが、これにチョンと点がつくと「犬」になるんです。漢字ができたときに既に犬と人間は共生していたんでしょうね。だから人間の生活に最も近い動物が犬である。

ところが、犬が二匹寄ったらどういうことになるか。漢和辞典を引いてご覧なさい。「㹜」とあります。これを「ギン」とか「ゴン」と読む。吠え合い、噛み合うという意味です。犬というものは知らない犬が来ると吠えまくる。うっかりすると噛み合う。そういうわけでありまして、なかなか相手を受け入れない。動物というのは本来そういうところがある。

ケモノヘンは犬から変わったものなんです。それに桑の葉にくっついて離れない虫を加える、すると「獨」という字になる。犬は一匹でも生活ができるんですね。したがって社会性を持たない。ところが人間が二人寄ったらどうなるか。「从」という字があります。この字は「従」という字の本です。人間が二人寄るとお互いに従い合う。「従う」ということは相手に譲るということです。

従い合い、譲り合うことによって、人間は社会を作る。その社会を「獨」に対して「群」という。群というのは「君」という字に「羊」を書く。君というのは君子、立派な人物のことを君子というんです。そして、羊というものは同じ草原でお互いで食べる草を分け合うて生活をしている。集団生活をしておる代表的な動物が羊であります。だから、この両方合わせて、群れを成すためにはお互いに譲り合い、従い合わなければならんということ。そういう羊の下に人間を書くと「美」という字になるんですね。

それから「譱《ぜん》」は羊のところに「言」という字が二つ書いてある。辞書を引いたらちゃんと出ている。これは、二人が話し合いをするというときに、一方的な考えを相手に押し付けるのではなくて、相手の言うことも聞いて両方が譲り合い、従い合っていくことによって人間関係はうまく行くんだという意味。これを略したのが「善」という字です。

このように人間は、自分だけではなく、常に人のことを意識しながら行動するものです。それがたとえば、スリッパを共用しておる場合、脱ぐときは足のままに脱いでおったら、自分にはいいけども他の人が履くときには具合が悪い。だから、人のことを考えてちゃんと履きやすいように脱いでおく。これが動物と違う人間のあり方ですね。

温泉宿なんかへ行ったら本当にそれを思いますね。足の踏み場もない。あれは動物の寄り合いだ。皆が夜寝静まってから便所へ行くと、やっぱり乱れていることが多い。私は行ったら大概そっと直す。気障《きざ》になるから誰も見ていないときに直しておくことにしています。

人間修行は脚下照顧からはじまる

犬と並んで人間に近い動物に猿がいます。「袁」は「長い」という意味です。動物の中で手の長いのが猿です。猿は頭脳的には人に甚だ近い動物でしょうね。人間には人間の知恵がある。猿には猿の知恵がある。猿の知恵のことを「猿知恵」というんですね。

人間の知恵と猿の知恵はどこが違うかというと、これは古い書物の中にもあります。猿の好きなどんぐりを朝三つやって夕方四つやる。次には朝四つやって夕方三つやる。すると、なんといって聞かせても、朝四つで夕方三つのほうでないと受け入れない。これが猿知恵です。

要するに、目先の利に囚われて、先のことを考えない。刹那《せつな》主義であって、あとは野となれ山となれ、ということです。

人間は話せばわかる。「朝三つで、夕方四つのほうがええな」とね。「若いときは給料は安くても、先によくなることを信じて、今のうちに苦労しておこう」と思う心が人間の知恵です。

小学校の子供が私のところに研修にきたときに、「君らは、朝三つで夕方四つと朝四つで夕方三つと比べてどっちがええと思うか」と尋ねましたら、十六人中半々に分かれました。「ああ、やっぱりな、猿もおるな」と（笑）。それでちょっと質問を変えて、「あんたら、お年玉もらうか」と尋ねたら、全員が「もらいます」と元気よく答えました。「どないしておる、使っておるか」と尋ねると「いや、全部は使わん」。「どないしとる」と再度聞くと「貯金しておきます」という。その朝四暮三をとった子供も、現実はちゃんと貯めている。「ああ、やっぱり人間の子供やなあ」と安心しました。

スリッパにしてもそうですな。脱いだままにしていたら、次に履くときに具合が悪い。だから、あとのことを考えて、きちっと脱いでおく。動物と違ってやっていく。個人としても、社会人としても、常に人のことを思い、あとのことを思って行動をする。これが人間らしいあり方ですね。

先ほど申しましたが、京都は禅寺の多いところです。禅寺に行ってごらんなさい。玄関によく「脚下照顧」と書いた立札がある。脚下とは「足元」、照顧とは「振り返ってみる」。履物がちゃんと脱げているか振り返って見よ、これが人間修行の第一歩だぞ、と暗に教えているのです。

【第三講】

大人の学

――『大学』を読む

前回の「小学」に引き続き、今回は「大人の学」についてお話しします。大人とは他に良い影響を及ぼすような人物のことであると申しました。そこで大人たるの学問について『大学』というテキストを通じてお話を申し上げたいと思っています。

この『大学』は、誰がいつ作ったものか明確になってはおりません。孔子は紀元前五五一年に生まれて前四七九年に亡くなった人ですが、その晩年の高弟で孔子よりも四十六歳若い曾子及びその弟子たちによって作られたものであろうという説があります。その内容は、孔子の教えを敷衍《ふえん》したものであります。日本には早くから伝わってきておりまして、世のリーダーという、あるいは為政者《いせいしゃ》というか、そういう人の上に立つ者の心得として読み継がれてきた書物であります。

大人となる学問の道筋は『大学』冒頭にこう示されています。

明徳《めいとく》を明らかにするに在《あ》り。民に親しむに在り。至善に止《とど》まるに在り。

これが一番のもとになる。「明徳を明らかにする、そして民に親しむ」――いろいろな読み方がありますけれども、こう読んでおきましょう。そして「至善に止まる」。この三つを『大学』の綱領《こうりょう》と申します。まあ、大体この三綱領の本当の意味を納得いたしますれば、あとはそれをいかにして実践していくかというような話になるわけです。

それでは、この三つを順に見ていくことにいたしましょう。

玄徳と明徳

「小学」のところでも申し上げましたが、人間個人として生まれながらにして誰にでも与えられているものは「徳性」であり、「知能・技能」である。これをいかにして育てるかということが根本であります。教育というのは「教える、育てる」と書いてあります。「教える」ということは大切ですけれども、それ以上にその人の持っておるものを「育てる」、これが教育のもとですね。

人間として生まれながらにして持っている「徳」は、「徳は得なり」といって、損得の「得」と同じ意味だというふうにもいわれております。この「徳」には二つの面があるんです。

植物は種のときに既に根になる部分と幹や枝や葉になる部分ははっきり分かれているんです。だから、無作為に種を蒔いたとしても、根になるほうは地中を向いているし、幹や枝になるほうは空を向いて行く。一つひとつ種を選定して植えているのではない。もう種ができたときに、その働きというものは潜在しているわけです。

人間の徳の中にも、このような二面がある。その一つは、外には見えないけれども内にあって大きな働きを持っておるもの。これを「玄」「玄徳」と申します。「玄」という字は「黒い」という意味ですけれども、「黒い」というだけでは「玄」の本当の意味はわかりません。「玄人・くろうと」という言葉がありますね。玄人と素人はどこが違うか。知識がすぐれておっても必ずしも玄人とはいえない。長い間仕事をしている間に、仕事の本当のコツというものをわきまえておる。

コツというのを説明せよというたってわからん。しかし、仕事をさせてみればコツを身につけているかどうかは直ぐわかる。「あいつは玄人だ」「あいつはいろんなことをよう知ってるけども、まだ素人《しろうと》や」。そのコツにあたるものが「玄」であります。「玄徳」は見えないが、大きな働きを持っている。植物でいえば根にあたる徳です。

もう一つの徳は外に表れる。幹とか枝とか葉とか花とかというものは、その木の徳が外に表れているんです。そういう徳を「明徳」という。だから、人間をつくるという点で考えますと、植物を栽培するのと同じで、まず根にあたるところの玄徳を養うんです。そして、芽が出て段々成長するにあたって、これをよく世話をして、その徳を十分発揮させてやる。これを「明らかにする」という。

皆さんの中には菊作りを趣味としておられる方があるかもわかりません。菊を作るのには、まず土を作らないけませんね。そこへ苗を植えて、それから毎日我が子を育てるように一枚の葉っぱにも気をつけ、虫がつかないよう、病気にならないようにと、いろいろ世話をしていく。そうして秋になってはじめて、あのふくよかな香りのある美しい花を咲かせるんですね。これを「菊の明徳を明らかにする」というのであります。

中国において、玄徳を養うほうに重点を置いた教えが「老子の教え」であります。一方、明徳を明らかにするほうに重点を置いた教えが「孔子の教え」であります。両方は別個のものではなく、一つのものですけれども「玄徳」「明徳」というふうに分けて考えています。

『大学』という書物は孔子の流れを汲《く》むものでありますから、明徳を明らかにするほうに重点を置いています。これは決して玄徳をおろそかにするという意味ではありません。明徳を本当に知ろうと思ったら、玄徳というものをよく究めることが大切です。しかしここでは、玄徳はちょっと置きまして、明徳に重点を置いてお話を進めたいと思います。

「明徳」とは我らの内の太陽である

明徳は、一口に申せば「我らの内にある太陽」といっていいと思います。我々は誰でも直接的には父と母の働きを受けておるわけですが、母をずーっと突き詰めて行くと地球に至る。父をずーっと突き止めて行くと太陽に至るんです。こういうと飛躍のようにお思いになる方もあるかもわかりませんが、ちょっと現実を見れば直ぐわかることです。

子供は受胎をして母の胎内で育つわけでしょう。そして、臍《へそ》の緒《お》を通じて養分や水分を吸収し、十月十日の月満ちて生まれ出てくる。生まれたら今度は乳房を通じて母から養分を吸収するんですな。乳を離れたらどこから吸収するかといえば、今度は地球から吸収するんです。だから地球は我らの母といっていい。

ところが地球だけで植物が育つかというとそうじゃない。太陽の光や熱を受けなければなりません。もともと父と母の働きによって子供が生まれてくるわけですけれども、いくら肥やしをやって世話をしても、太陽の光を受けなければ成長しないのです。でありますから、我々は太陽を父とし、そして地球を母として在る。だから、太陽の徳も地球の徳も両方を生まれながらにして持っておるわけであります。

明徳というのは、この外なる太陽に対して、我々の内にある太陽のことをいうんです。太陽というのは恒星でありますから、二十四時間休みなく照り続けています。地球のほうは太陽の光を受けて光っており、一日の半分は太陽の見えない夜になる。また、日中といえども、今日は清々《すがすが》しく太陽が燦々《さんさん》として輝いておるとしても、明日はわからん。梅雨に入ったら、先ほどまで太陽が出ておったのに直ぐに曇ってしまう。太陽がその光を失うんですな。

我々の明徳もそうなのです。明徳は生まれながらにして誰でも受けておるものでありますが、太陽に雲がかかり、霧がかかり、あるいはスモックがかかるように、明徳にも雲がかかるんですね。

明徳を曇らせる我・私心・欲

その雲にはいろいろありましょう。まず「我」という雲がかかる。

漢字は意味を表す文字です。だから、漢字の意味をよくわきまえることによって、中国、日本の東洋思想を本当に理解することができるんです。「我」は「手」と「戈《ほこ》」を合わせた文字です。戈を手にもって「寄らば斬るぞ」と自分を守っているのが「我」なんです。あるいは、殻の中に入っている自分を固く守っている姿です。頑固なんていうのも「我」にあたりましょう。この「我」というものが明徳をくらます雲になる。この雲を取れば取っただけ明徳が輝き出すのです。ちょうど雲が取れたら取れただけ太陽が輝くのと同じですね。

それから「私する」という心が誰にでもある。この「私」がまた雲になる。「私」の本字は「ム」です。これは人には与えないで肱を曲げて自分のほうにばかり引き込むという意味。ノギヘンは食物を代表する五穀を表します。そこで「ム」にノギヘンがついて「私」という字になる。人間が生活する中で大切なものは、なんというても最後は食べ物なんですね。食べ物がたくさんあるときには皆さん仏さんのような顔をしていますがね、食べ物がなくなってご覧なさい。人間のもう一つの心、自分の方だけに引き込もう、私しようとする心が起こってくる。

皆さんの中には戦前戦後の食料不足の時代に育った方もありましょう。昔はなんでも配給でしたから、「さあ、取りなさい」というたら、ちょっとでも大きなのを探してパッと取りよる。米一粒でも自分のほうへ、という心情が起こるんです。この心は誰にもあるんです。誰でも私する心を持っておるんです。

この私心が、せっかく我々に与えられている明徳をくらますのでありますな。だから、これをなくすることが肝要です。夏目漱石がよくいわれた「則天去私《そくてんきょし》」天に則り私を去る、これを実践することによって明徳が明らかになるのです。

ところで、漢字というのは面白いもので、「ム」の上に「八」を書いてご覧なさい、コロッと意味が変わりますよ。「八」というのは「離れる」という意味。向こうへ押しやる。ということは、自分のほうに持ってくるだけじゃなく、人にも与える。「自利利他」自分も利するが人をも利する、という意味になります。これを「公・こう」というのですな。「公」という字は「おおやけ」とも読むし、また「正しい」とも読みます。そして、これと「明」を合わせて「公明」という言葉がある。公明党というのはそうですな。あんまり既成の政党が党利党略に走るものだから、「我々はそれを離れて公明で行こう」というのが出発点でありましょう。まあ、それはよろしいのですけども（笑）。

それから人間には「欲」というものがある。「欲」というのは「欲しがる心」という意味ですけれども、丁寧に心が下についたものも「慾」といいますね。欲しがる心は全て欲です。

食欲、睡眠欲、性欲、あるいは金銭欲、財産欲。人の上に立って大いに権勢を張ろうという出世欲、支配欲。地位も得た、金もできた、何もできた、それで人間は満足するかというとそうはいかんですよ。名が欲しくなる。これが名誉欲。勲章というものは、名誉欲を満足させるために与えるものです。

我々庶民は勲章にあまり関係ないからなんとも思いませんけれども、名誉欲を求める人間には勲一等と勲二等は大変な違いなんですよ。「なんで俺が勲二等で、あいつが勲一等なんや」となる。

あんなオモチャのようなものをもろうて、なんで嬉しいかと思う（笑）。終戦後、古物屋に行くと勲一等の勲章が出とったことがありました。しかし、勲一等の勲章よりも食べ物のほうが大事だった時代ですから、高いお金まで出して買う人はおらなかったようですね。

もう一つ凄いものが生命欲というものですね。こいつはしつこい。私は軍隊へ二度行きましたけれどもね。はじめは現役で、二度目は召集でした。もう妻子がありましたけれど、赤紙一枚で行きました。赤紙をもらった途端に「よし、国家のために命は捧げた」と本当に決死の覚悟をいたしましたよ。

ところが、幸いにして生きて帰って来た。そうして娑婆《しゃば》の風に当たった途端に、また命が惜しくなってきました（笑）。それから五十九年生きながらえて、いまや八十九歳になって平均年齢を遥かに越えました。ときどきは「もういつお呼びがあってもええわ」と話したりすることもあるんですがね、ちょっと体の調子が悪なったら直ぐ医者に行きますからね。よく「死にたい、死にたい」というような人には「早う死になはれ」とすすめてやったほうがよろしい（笑）。人間のこの生命欲というのは、生きている間は拭い去ることはできないですね。

それを投げ捨てたのが維新の志士たちであります。坂本龍馬は享年三十三、中岡慎太郎は三十です。

吉田松陰も三十で亡くなった。「かくすれば　かくなるものと知りながら　巳《や》むにやまれぬ大和魂」と辞世の句を残して小塚原で首を斬られて亡くなりました。彼らに生命欲がなかったわけではありません。けれども、平素から世のため人のために命を捨てる覚悟で活動したところに、自らの明徳が明らかになったわけです。

では欲というものは全部悪いかというと、そうではない。ほんのこの間まではコレステロールはみんな悪いようにいうていたが、最近はその中に善玉と悪玉があることがわかりました。

かくのごとく、欲の中にも善玉と悪玉があるのです。悪玉のほうは「我欲」とか「私欲」とかいう極端な自己中心の欲望で、これを「邪欲」といいます。それに対して善玉というのは「世のため人のために大いに尽くそう」とする欲望をいいます。

弘法大師だとか、伝教《でんぎょう》大師だとかいうすぐれたお坊さんは独身でした。あのお二人は大きな仕事をした人です。高野山とか比叡山とか、あれだけの事業をする人たちです。随分欲望のある人だったと思います。バイタリティ旺盛や。性欲なんかも人よりも勝っていたのではないかと思われます。そうだけれども、仏法を普及するために、そのしつこい欲を去ったのです。それで結婚をしなかった。欲はあったが、人を助けようとする欲のほうに持っていった。

だから千二百年後の今日に至っても、あの高野山、比叡山の山上まで何百万もの人が毎年上がっているんです。

欲がなかったわけじゃない。たくさん欲はあったけれども、その欲を抑えて一つに集中したためにできたことです。ここで明徳を曇らせるといっている欲は悪玉のほう、邪欲であるということを理解しておいてください。

仁とは「恕」であり「惻隠」である

明徳を明らかにするということはちょっと抽象的ですな。そこでもう少し具体的にこれを考えてみましょう。明徳が明らかになったら、どういう状態が開けてくるのか。今まで別個だと思っておるものの間に通ずる心が生じるのです。これを「一体感」といいます。一体感が生じる。

男と女という別性の存在が結ばれて夫婦となる。それは肉体的にも通じて一体感を感ずることはいうまでもありませんが、肉体的一体感だけでは本当の夫婦とはいえません。やっぱり心が通じないといけない。心が通じるというのは、喜びも悲しみもともにするということです。「あなたはあなた、私は私」というのでは単なる共同生活に過ぎない。

まあ、夫婦というものは年をとるほど、その味、その値打ちが出てくるものです。お若い皆さんはまだ肉体的一体感のほうが勝っているかもわからんけれど(笑)、私らのような年になってきたら、もう肉体なんてものはそう考えません。私は今年、結婚六十一年になりますが、年をとるほど夫婦の一体感が感じられるものなんです。

この通ずる心、一体感のことを孔子は「仁」と申しました。これは文字からいうてもニンベンに「二」と書いてありますから、「二人の間に通ずる心」という意味。こう考えるのが一般的だと思います。

だから、欲が取れて明徳が明らかになると通じてくる。通じてくるというと内にある仁の心がふーっと出てくる。仁の心が起こると「恕」の働きとなって表れてくる。これは音では「ジョ」と読みます。「思いやり」と読みますね。

これも字がよく意味を表している。「我が心の如く相手を思う」というのが「恕」です。だから、自分の嫌なことは人も嫌だろうと思い、自分の嫌なことを人に押し付けたりしない。あるいは、自分はこれが欲しいから、あいつも欲しかろうと思って、自分の欲しいものを相手に与える。これが思いやりの行為です。仁の心が内に起こると、こういう働きとなって出てくるんです。

あるいは「惻隠《そくいん》」という働きとなる。「惻隠」とは「傷《いた》む」という意味です。「惻」も

「隠」も「傷む」。相手の痛みを我が痛みと受け止めることです。「とても他人事とは思えない、なんとかしてやろう」——これが「惻隠」であります。

「恕」のほうはこちらをもとにして相手を考える。「惻隠」のほうは相手をもとにして考える。これが孔子の教えの中核をなす「仁」の意味であります。

仁はキリストの愛、仏の慈悲と同じ

キリストはこの仁のことを「愛」と申しております。愛はエロスとかラブとかいろんな表現がありましょうけれども、それは所によって違っているだけです。漢字を通じてお話をすればキリストは「愛」である。その「愛の心」が我々の心の中に出てきますと、いろんな働きとなって表れます。それもいろいろありましょうけれども、キリスト教の中では「隣人愛」とか「博愛」とよくいう。

また、世界の三大聖人のもう一人、釈迦はこれを「慈悲」といいました。「仁慈」という言葉もありますし、「慈愛」なんていう言葉も出てまいります。釈迦のいう「慈」というのは「慈《いつく》しむ」ということで、これは可愛がる愛情です。頭を撫《な》でてやるような可愛がる愛情。これに対して「悲」というのは悲しむ愛情です。相手の悲しみを我が悲しみと受け取る愛情ですね。ちょうど「恕」が「慈」にあたり、「惻隠」が「悲」にあたるといえましょう。それが形となって表れますと、慈愛は相手に楽しみを与えてやるほうで、これを「与楽・よらく」という。それに対して、相手の苦しみを取ってやるのを「抜苦・ばっく」という。この与楽抜苦が形となって表れるわけです。

世界ですぐれた代表的人物を三人挙げるならば、孔子、キリスト、釈迦を挙げましょう。三人のうちでは孔子と釈迦が一番古い。孔子は先にも申しましたように、今年（二〇〇四年）でちょうど生誕二千五百五十五年になるんです。お釈迦さんはそれよりも十年ぐらい年上ではないかといわれております。インドというところは思想的には非常にすぐれていますけれども、歴史的には曖昧《あいまい》なところがありましてね、中国ほど正確ではありません。けれども、一般には孔子と釈迦は大体同じ頃の人であるといわれております。キリストはいうまでもなく今年（平成十六年）で生誕二千四年ですけれども、これには三、四年の誤差があるようです。

まあ、いずれにしろ二千年から二千五百年前に出た人が、今もなお生きているんです。そして、その説いている内容を見ると同じことをいっているんです。「仁」「愛」「慈悲」というふうに表現は違いますけれども、内容は同じことです。『論語』と『バイブル』を合わせて読んでご覧なさい。本当によく似て通じているところがありますよ。

私もかつて山にいた頃、『論語』を毎日一篇ずつ読み、次いで『バイブル』を旧約から新約まで全部読み通しました。そうしたら『論語』と全く通じているところが随分あるとわかった。

だから人間はだれ、どれでもよろしいから自分の好きなのを選んだらええ。キリスト教に入りたい人はキリスト教、仏教に入りたい人は仏教、孔子の教えをと思う人はそちらへ。自分の好きなものを選んで、自分が一番行きやすいと思うものを選んで行ったらいいんです。富士山の頂上にまで登ったら途中の道は違っても同じ、ということですな。

天の心、神の心、仏の心を体現する親

そこでだ、三人はどうして時代も違い、生まれたところも違うのに、同じことを説いているのか。それはね、先生が同じだからなんです。それではその先生とは誰のことか。こういうと皆さん、思いつかれる方がすでにおありだろうと思います。

それは中国でいえば「天」である。これははじめに申しましたが、天地という相対的な天ではなくて、天地を結んでいる大きな働きのことである。これを「造化《ぞうか》」といいます。それを時には「神」といい、あるいは「仏」という。こう申していいと思うのであります。だから、天、神、仏というのは同じものなんです。

電気なんかでもそうですね。電気の性質は古今東西変わらない。これを活用したエジソンは偉大な人やと思いますねえ。今、我々文明人は電気のお陰を受けないで生活することはできません。そういう共通なる電気を発見した人、これは更に偉いものだと思いますよ。岩清水八幡宮の境内にエジソンの碑が建っていますが、電気を発見した人は、釈迦や孔子

にも劣らない偉大な人だというべきでしょうね。

天の心、神の心、仏の心、それは仁であり、愛であり、慈悲である。この心を人間が自覚して実践したときに、世の中はうまくいくんじゃないかと教えたんですね。

というわけで、この「造化」がものを生み育てていく根本の働きをしているのでありますが、その働きを我々の一番手近に見ることのできるのが「親」です。親というのは、子供が生まれた途端に「親になる」のでしょう。子供のない親はない。そして、子供ができた途端に「親心」というものができてくる。この親心が出るということは、天の心、神の心、仏の心が人間を通じて表れてくるということであります。

親によく似た字に「新」という字があります。これは「新」の元の字なんです。「木」は立ち木、「斤」は斧、「辛」は労力。立ち木に斧などで労力を加えて切り倒して木材にすることを「新」というのです。このように変化し創造していく、クリエーションしていくことを「新」というわけですね。

今でもこの文字が使われているのは、朝日新聞と産経新聞の表題です。ある人が「天下の朝日新聞ともあろうものが誤字を使うとは何事ぞ」と文句をいったところ、これが本当だと返事をしたそうです。産経はもともとカナでしたが、漢字に変わった際に一本余計に入っている。人は注意しているように見えて注意してないものですね。

この「斤」の代わりに「見」という字を書いたら「親」となる。これはどういう意味でしょう。漢字は意味を表す文字でありますから、この字をずっとご覧になっておられたら自ずから説明がついてくるだろうと思います。字引きを引いてごらんなさい、ちょっと詳しい字引きなら、この親の成り立ちが書いてあります。

この「木」というのは「子供」ですね。立ち木だ。そして苦労して子供を育てていくうえにおいて、四六時中目を離さずに子供の成長を見守る。これを親という。「見」という字はそういうことです。二十四時間、子供の成長を寝る間も忘れずに見ている。父親のほうはそうはいきませんが、母親は子供が生まれてしばらくは本当に二十四時間つきっきりですね。

かつて松下さんの若い社員に、昔の川柳に「寝ていても団扇《うちわ》の動く親心」というのがあるというたら「先生、今頃団扇使う人がおりますか」というから、「君は歌心がわからんらしい。それなら『寝ていても扇風機止める親心』『寝ていてもクーラー止める親心』と言い変えてみたらどうかね」といってやりました。動かすのも止めるのも、子供のことを思っておるから自然にそうするのです。親というのは本当に二十四時間です。

会社ではいずこも時間制になっており、働いたら働いただけ報酬を受ける。時間外、あるいは深夜、それぞれにおいてちゃんと報酬を受けております。にもかかわらず、親は週五日制じゃないんです。七日制だ。今日は休日だから食べるのも辛抱しとけ、というわけにいかんですね。子供が病気したら徹夜してでも看護する。看護しながら少しも報酬を受けようとは思わない。人間の欲望を捨てとるんです。睡眠欲や金銭欲をも捨てておるのが親です。

その心が、天の心であり、神の心であり、仏の心なんです。それは何も人間だけではない。生きとし生けるもの、親とは皆そういうものなんです。

大人は何かと一体感を感じる人

野口英世のお母さんは文字が読めませんでした。しかし、彼を世界的な大学者に育てていく大きな原動力となった。有名になったわが子に手紙を書きたい一心で、お母さんは文字を稽古しました。そして、たどたどしい文章で、釘の折れたような文字で、アメリカにいる息子に手紙を出しました。福島県の実家（記念館）に行きますと、一番の宝物がこの母の手紙です。博士はこの母を観音菩薩の化身《けしん》と崇《あが》め敬ったそうですね。

そこで、この親心を持てる人のことを「大人・たいじん」といいます。大人にはいろいろある。たとえば、家大人《かたいじん》といえば昔は父親をさしました。吉田松陰が旅先から家に手紙を寄こすときには、たいがい「家大人様」と書いております。これは「お父様」という意味です。

会社と一体であると感じる人は、会社の大人です。だがね、「会社と俺とは月給でつながっているのだから、金の切れ目は縁の切れ目だ」と思うておる人が最近は多いようですね。運命共同体的なものの考え方をする者がだんだん少なくなってきているようです。だから、地位の高い人が必ずしも大人とはいえません。自分の出世欲のために一所懸命働いて、うまくいかないとポイと会社を捨てて去る人もおります。けれど中小企業の社長さんはそういうわけにはいかん。会社の調子が悪くなればなるほど、全身全霊を尽くしてやまない。まさに大人であらねばなりません。社員でも、会社が悪くなればなるほど「俺がやらなければならん。月給は少なくなってもいい。やるぞ」という人は、地位は低くても会社の大人ですね。

国と一体であると感じる人は国の大人です。「国とわしとは関係ない。わしは自分の生活をエンジョイするんだ」と思っている人もいるでしょう。だけれども、「国と俺とは一体だ。国が悪くなれば俺がなんとかしなければならない」という心の起こる人は国の大人です。最近は、愛国なんていうたら「もっと愛されるような立派な国をつくってくれ。そうしたらいつでも国を愛してやる」という愛国と、「悪くなればなるほど身を捨てて自分の国を守ろう」という愛国とに分かれているようでありますね。

日本での国の大人、それを生まれたときから理想としておられるのが日本の皇室、天皇陛下であります。皇子《みこ》のお名前には必ず「仁」の一文字がつけられる。昭和天皇は裕仁《ひろひと》と申し上げる。今の天皇は明仁《あきひと》、皇太子は徳仁《なるひと》と申されます。これは奇《く》しくも父子で「明徳」になっています。意味深遠ですね。

ですけれど、現在の皇室の中には男性のお子がおられません。たぶん、皇太子様と雅子様の間にお子様がお生まれになったとき、随分ご命名に苦慮されたと思われます。「仁」とつけられると、やがて天皇となられることを前提としますからね。そこで「愛子」とおつけになられたのではないでしょうか。

しかし、『論語』の中には「仁は人を愛することだ」（顔淵第十二）とはっきりいっております。したがって、もしものときに皇室典範を変えればよいわけであります。日本の百二十五代の天皇の中に何人も女帝がおられるわけですからね。皇室をはじめ国民の多くの大祖先である天照大神《あまてらすおおみかみ》は女性ということになっているのですからね。

まあ、それはそれとして、世界と一体を感ずるような人は世界の大人です。孔子や釈迦やキリストは、まさにそういう人であったでしょうね。

「民に親しむ」とは何か

ここまで「明徳を明らかにする」ということを話してきました。では次の「民に親しむ」とはどういうことか。

中国の昔、王や諸侯に仕える役人のことを「臣《しん》」といいました。それに対して一般の人のことを「民」というから、王や諸侯が直接使っておる臣と一体感を感じるのはまあ普通でしょう。けれども、大人は直接関係のない「民」と一体を感じるようになるのです。このことを「民に親しむ」というんです。

ところで、この読み方には「親しむ」と「新たにする」という二つがあります。王陽明は古い古文のままに「民に親しむ」あるいは「民を親しむ」と読んでおります。一方、朱子はこれを「民を新たにする」と読んでいます。これが朱子学と陽明学の大きな差異になるのであります。

日本が中国に進攻したとき、朱子の「民を新たにする」から名をとった「新民会」という組織を北京に作って、大いに中国に働きかけようとしました。ところが、中国人はこれに対して非常な反発をした。「なんで遠いところまでわざわざ来て、ご親切に我々を新たにしていただく必要がありましょうか。我々のことは我々でやりますので、どうぞお構いなく、早くお帰りください」とね。これが排日を一層煽るきっかけになったのです。

これを世界に向って今やっているのがアメリカですよ。アメリカは自分のほうが自由民主で進んでいると過信して、ご親切にも兵隊まで送って改革を推進しようとしています。しかし、アメリカ軍が派遣された地の至るところ反米思想が起こっている。それはその新民思想のためです。私の考えでは、「親民」を主体としての「新民」が本筋ではないかと思うんですがね。

人間社会は相対関係で動いている

次は「至善に止まる」。至善とは「善の至れるもの」だと簡単に思いやすいのですが、「善」と「至善」は次元を異にしております。言葉というものは非常に便利ではありますけれど、なかなかギリギリのところまでは表せない。だから、仮にそういうふうに呼んでいることが多いものです。

この「善」に対するものは「悪」であります。我々は「あれは善いことだ、あれは悪いことだ」とよくいうておりますけれども、何を基準にして善悪を決めているのか。自分で使っている言葉をいっぺん整理をしてみるとよろしいでしょう。

大体「善悪」という場合には「自分」を中心に考えておることが多いものです。あるいは、「自分に利益があるのかどうか」ということですね。人間には好き嫌いがありますから、良いほう、好きなほう、好ましいほう、これを善と呼んで、都合の悪いほうを悪という。嫌なこと、憎らしいことを悪と呼んでおることが多いですね。嫌悪、憎悪の「悪」は、「お」と読みますね。

こういうものの考え方でありますから、人間関係においても「あいつは非常に親切だったけども、なんかの拍子に不親切になった。あいつは悪い奴だ」とか、今度は逆に「あいつは顔を見るのも嫌だと思っていたけど、なんかの拍子で親切になった。あいつはいい奴だ」と手のひらを返すように変わるんです。

こういうのを「相対」という。相手によって、あるいは時によって変わる。相対関係で動いている場合が多い。

これは自分を中心にして段々と範囲が広がって行きます。自分の家に都合がいい。自分の会社に都合がいい。会社というものは利益を追求しておりますから、会社を儲けさせてくれるのが善で、それを損《そこ》なうのは悪だとなる。あるいは国ならば、国益を増すのが善で、これを損なうものは悪だと。我々の日常生活は、この相対関係で動いていることが実に多いんです。

たとえば、原子爆弾を落とされて広島と長崎が潰滅《かいめつ》した。落としたアメリカに対して「けしからん」と我々は思う。けれども、爆弾を落とした飛行士はアメリカでは英雄です。平時に一人でも殺したら大悪人といわれるが、戦争になれば多く殺した人が大功労者になるんですね。これも相対ということなんです。

至善とは相対を超えた絶対の世界

というわけで、我々は個々の相対関係で動いていることが多いんですね。ところが、これを越えた世界がある。これが「至善」です。天には天のルールがある。これを「天道」という。地には地のルールがある。これを「理」という。これを合わせて「天道地理」、即ち「道理」という。また、人には人のルールがある。この道理を人間という立場でいうと「義」である。だから「道義」というんですな。さらにこの天地人を貫くルールを「道」ともいいます。そして、この「義」というものが素直に実践されたときに「徳」となるのです。「徳」の原字は「直心」にギョウニンベンを合わせたものです。つまり、この道理・道義を素直に受け入れて実践したときに「徳」となるのであります。

道理・道義は、いつでもどこでも変わらないものです。三千年の昔も今日も変わらない。アメリカでも日本でも中国でも変わらない。こういうのを本当の道理・道義といいます。その変わらないものを「絶対」といいます。「相対」に対する「絶対」。絶対は一つしかない。相対は「二」の世界。「至善」というのは「一」なんです。だから「至善に止《とど》まる」ということは「一に至って止まる」という意味です。そうすると「正しい」という字になるんです。「正しい」とは道理・道義に適《かな》っておることをいうのです。自分に都合がいいからといっても、必ずしも正しいとはいえない。自分には都合が悪いけれども、正しいこともあるのです。

この「正」に対したものが「邪」であります。だから厳密にいうと、「正邪・善悪」という言葉をよく使いますけれども、大人というのはまず「至善に止まる」即ち「これは道理に適っているかどうか」を考え、そして次に「これは果たして自分に都合が善いのか悪いのか」をあわせ考えて行動をする人なのです。

実業家というものは利を追求するものですから、利のほうに敏感に反応します。株式会社は営利を目的とした法人であり、法律上からも利益を上げることは決して間違いではない。それは当然のことです。ところが、宗教法人だとか学校法人だとか、あるいは財団法人というのは公益法人です。これは利よりも正善を求めている。

これらは別個のように見えるけれど、実は表と裏の関係にあります。たとえば京都は古い寺が非常に多い。あれらは宗教法人です。宗教法人はあんまり儲け心を起こしたらいかんのですが、中には調子が良うて外車を乗り回している坊さんもおるらしい。一方、実業家というのは利を追う。ところが、「これをやれば必ず儲けられる」とわかっていても、「果たしてこれは道理に適っているかどうか」と考えて行動する人もいる。それが立派な実業人というものなんです。つまり、利と義は裏と表の関係にあるということなんです。

澁澤栄一という先生は、「論語とソロバン」、つまり道徳と経済は一致するものだといっています。澁澤先生は実業家ですから経済を表面にしていますけれども、それに沿うところの精神を裏に持っているんです。このように、事を為すにあたって至善に止まる。「正」を先に考えるのが大人ですね。

『論語』の中には「子曰《のたま》わく、君子は義に喩《さと》り、小人は利に喩る」（里仁第四）という言葉があります。徳川時代には商売人というのは小人に扱われていた。だから「士農工商」と、一番下に置かれていた。だけれども、儲けながら片一方には段々と金ができてくる。ところが武士のほうは表面では偉そうにしとるけど、実際は商人に頭を下げて金を借りていたわけです。

この霊山歴史館という記念館は松下幸之助さんと非常に関係の深いところですが、私がここでいつも思うのはね、松下さんが大正七年に四畳半で事業を起こされたのは「利」から出発しとったんじゃないかということなんです。ところが、事業がうまくいくようになって彼ははたと悩み出した。要するに、「事業というものは儲けのためだけではなくて、さらに別の目的があるんじゃないか」と模索しはじめた。そんな中で、昭和七年五月五日、大きなお悟りを開かれた。事業の使命なるものを悟ったのです。そこで、この日を本当の意味の創業記念日としたんですね。

先にも申しましたが、昭和三十年の中頃、松下さんにおいでをいただきましてお話を伺ったことがあります。話はまことにやさしい言葉で淡々として語られましたが、内容たるやまさに『大学』を講義しているようで、私は驚きました。それで、松下さんが壇を降りられてから、「あなたはいつどこで『大学』をお勉強になりました？」と尋ねました。そしたら彼は、「いやいや、私は小学校四年しか出てないので、そんな難しい本は読んだことはありません」と答えられました。

それで私は、ああ、この人は本や人から学んだのでもなく、天から直接学んだな、天から学んで一つの悟りを開いたんだなと直感しました。そうして、学校を出ずにこの境地に到達したということについて非常なる感動を覚えるとともに、さらに深い尊敬の念が湧いてきたのです。


それからまた何年かして、大阪の毎日会館の大ホールで明治百年を記念する講演会を催しましたときに、松下幸之助さんと、私の恩師である安岡正篤先生のお二人においでを願いました。安岡先生は一高東大出の秀才で、歴代の総理が指南番と仰いだ人です。それに対して松下さんは小学校四年しか出ていない人です。それで私は、閉会の挨拶において「なんでこのお二人にお出でを願ったのかは単に説明するだけではなかなか納得してもらえないと思いまして、本物におでましをいただいたわけです。もう八十幾つにもなって高い境地に達すれば、お互いに相通ずるものがあり学歴などは問題でないのです」と申したことがあります。

大人となるとは、即ちそういう境地に至るということでもありましょう。

【第四講】

人間の天命

——五十にして天命を知る

この講座も四回目を迎えます。第一回は「人間学」ということについてお話を申し上げ、二回目は「小学」の少し具体的なことについて、第三回は「大学」の三綱領を主としてお話申し上げました。

今回からは、この「小学」とか「大学」あるいは「中庸」というようなものを網羅した「『論語』の人間学」について考えてみたいと思うのであります。何も学者になるのが目的ではありません。人間学を追求するにおいて『論語』を基にする。したがって『論語』を学ぶのが第一目的ではないということを初めに申し上げておきます。

皆さんは『論語』というものはご承知であろうと思います。しかし読んだことがあるという人は案外少ないようです。日本人には「論語読まずの論語知り」が多いんですな。『論語』は読んだことないけれども、『論語』の内容は知っていてそれを実践しておる。これが大部分です。私のように『論語』を話してもそれを実行しないものを、「論語読みの論語知らず」というわけですね。

さて、『論語』の中に次のような言葉があります。

子曰《のたま》わく、弟子《ていし》、入《い》りては則《すなわ》ち孝、出《い》でては則ち弟《てい》、謹《つつし》みて信、汎《ひろ》く衆を愛して仁に親しみ、行いて余力あれば、則ち以て文《ぶん》を学べ。【学而第一】

先師がいわれた。「若者の修養の道は、家にあっては孝を尽くし、世に出ては長上に従順であることが大事である。ついで言動を謹んで信義を守り、人々を愛し、高徳の人に親しんで、余力があれば詩や書などの古典を読むことだ」

人間としてこれぐらいのことがまずできて、余力があったら古い書物なども大いに読むがよろしいというわけです。本を先に読めとはいっていない。こういうようなことは『論語』を読まなくても、皆さんは「そうだなあ」と納得できる内容であろうと思います。

孔子とはどういう人か

さて、『論語』というのは、孔子を中心にしまして、その主だった弟子たちの言行《げんこう》、それからお互いの問答を集めたものであります。孔子が亡くなったあと、その孫弟子たちが直弟子たちから聞いたものを集めて、これは果たして孔子の言葉であるか、あるいは誰の言葉であるかということをディスカッションして編集した語録です。したがって、『論語』は体系的書物ではありません。二十篇、約五百章から成り立っておる語録集であります。

そして、篇と篇、章と章の間には直接連携がない。だから『論語』というものはどこから読みはじめてもいいし、どこで止めてもいい書物であります。普通の著書のように、序論、本論、結論というような意図のある書物ではありません。その意味では、非常に気楽な書物です。

しかし、孔子は非常な苦労人でしたので、その内容は実に深いものがあります。人によって受け取り方が違うのです。若いときに読んだ、中年で読んだ、晩年になって読んだ。あるいは、会社でいえば平社員のときに読んだ、あるいは役付きになったとき、あるいはトップになったときに読んだ。そういうふうに、環境の変化によって読み方が違ってくる。だから、この『論語』についての解説書は無数にあります。世界で最も多い参考文献のある書物はバイブルと『論語』だといわれております。

そういうわけですから、ここでお話するのも「こうだ」という結論ではない。皆様に考える一つの材料を提供しているぐらいにとらえていただければよいと思います。そして、『論語』の個々に対して自分のしっかりした意見をお持ちになる。それが本当に『論語』を読んだということになると思います。

武者小路実篤さんが『論語私感』という本を書いていますが、そういう論語私感は多くの人が書いています。『論語』についての書物はほとんどが「私感」だといってもいいほどです。

はじめて『論語』を読む人も多いと思いますので、今日は前置きとして『論語』の概略についてお話を申し上げたいと思います。

まず孔子という人についてお話します。これは「孔」が姓でありまして、「子」というのは「先生」という意味でありますから名前ではありません。名前は「丘・きゅう」といいます。それから呼び名といいますか、字《あざな》は「仲尼・ちゅうじ」といいます。

孔子は、尼山《にさん》という山に祈りを捧げて生まれた子供だという言い伝えがあります。今の山東省曲阜《きよくふ》の郊外に昌平郷《しようへいきよう》陬邑《すうゆう》という村がありまして、そこに生まれた人であります。

生年は紀元前五五一年。五五二年という説もありますけれど、中国や台湾では五五一年説をとっているのが多い。日本では五五二年説をとっているのが多いようです。ちょうど本年（二〇〇四年）から数えますと二千五百五十五年前に生まれた人であります。キリストよりも五百五十一年前に生まれた人であり、イスラムのマホメットよりは千年以上も前に生まれた人です。

父は、叔梁紇《しゅくりょうこつ》といい、母は顔徴在《がんちょうざい》と申します。叔梁紇は非常な力持ちの武人でありまして、戦いに敗れて城に逃げ帰ったときに、重い扉をみんなが逃げ込んでしまうまで支えていたという逸話があります。陬邑という村の村長さんのような役目をしていた人です。

孔子には姉が九人、兄が一人います。最初の奥さんに女の子が九人あったのです。しかし、中国は男系の子孫が家を継承して先祖の祭りをすることによって先祖は快く受けると考えられていた。だから、どうしても男の子がいないと困るわけです。そこで二番目の夫人を迎えて男の子が生まれたのですが、この子は生まれながらにして脚が悪い身体障害者であった。これでは家を継ぐことができんだろうということで、年を取りました叔梁紇は十六歳という若い娘を第三夫人に迎えました。そこで生まれた子供が孔子であります。

「仲・ちゅう」というのは二番目という意味でありますから、男の子においては二番目の子ということですね。

孔子が三歳のとき、あるいは二歳ともいっているものもありますが、父が亡くなりました。母は第三夫人という立場の人でありますので、陬邑を離れて魯の都である曲阜《きょくふ》に参りまして、そこで母と子の生活をすることになりました。したがって、経済的にも裕福ではなかったと思います。人間関係においても複雑でしたので、孔子の幼少時代というのは決して恵まれていたとはいえないようです。孔子はそういう環境の中に成長していくわけです。

『論語』の広がり

ちょっと飛びますけれども、『論語』という書物は孔子の亡くなったあとにつくられたものです。

世界の聖人の代表というと、まず釈迦、孔子、キリスト、それにソクラテスを加えると四大聖人ともいわれます。これらの人々は自身の著書をもっていないといってもいいでしょう。いずれも亡くなってから弟子たちによってつくられた書物によって、その考えが後世に伝えられているのです。

人間は生きているときにつくるとやはり色気がありますから、世の中に受けるようにと思って意識して書いたりします。ベストセラーなんていうのは、うっかりするとそんなものが多い。ところが、死んでからあとに弟子たちが「これはいい。これは本当だ」と感動したり、またその説《と》いたことを実行した弟子たちが、「ああ、先生のいったことは間違いない。自分の生活の中に取り入れても間違いはなかった」といって書物にしたものというのは、それだけに本当に真実を物語るものになっているのです。

皆さんも、ある人を知りたいと思ったら、その人が書いた論文やエッセイを読むのも結構ですが、それよりも語録とか手紙を読んだほうが真実に触れることが多いと思います。

『論語』はまさにそのような書物ですから、つくられると確実に広がっていきました。しかし、西暦前二〇〇年代に入ると秦の始皇帝が中国を統一して大帝国を打ち建て、非常に厳しい思想統制を行います。「焚書坑儒《ふんしょこうじゅ》」といって、古い書物を焼き、有名な学者を四百数十名、穴を掘って生き埋めにしたのです。『論語』もこの厳しい思想統制に引っかかりました。この時代が長く続いたら『論語』は失われてしまったかもしれません。ところが、強大を誇った秦も、始皇帝が亡くなってから六年を待たずして滅びてしまいます。

その次を受けたのが漢です。漢の時代は孔子の教が推奨されました。焚書を免れた『論語』があちこちから出てきて、整理され、研究も盛んになって現在に続く形ができあがったのでした。

日本に『論語』が伝わってきたのは応神天皇の時代です。応神天皇は神武天皇から数えて第十五代。その応神十六年に伝わってきたとされています。西暦でいえば二八五年ということになっていますが、これはちょっとあやしい。それよりは百二十年ぐらいあとの西暦四〇五年ごろだったのではないかという説もあります。まあ、いずれにしろ今から千六百年から千七百年前に伝わってきたことは確かです。

伝えたのは百済の王仁《わに》博士。『論語』十巻と『千字文』一巻を携えて日本にやってきたのです。十巻というのはどういうことか。昔は竹を削った竹簡に文字を書きました。それを皮の紐で結んで、くるくると巻いたものが一巻です。『論語』は二篇ずつ書いた竹簡をひと巻きにしましたから、「論語二十篇」といえば巻いた竹簡が十、つまり十巻になるわけです。その『論語』十巻と『千字文』一巻を携えて、王仁博士は百済から渡来したのです。

この頃から日本では漢字を一般に使うようになりました。漢字で書かれた中国の書物も読むようになりました。そして、最初に読まれたのが『論語』だったのです。

では、どのような人が『論語』を読んだのか。やはり最初は天皇の周辺にいる人びとでした。応神天皇の皇太子である菟道稚郎子《うじのわきいらつこ》が『論語』の勉強をはじめ、だんだんと貴族や役人など政治に携わる人たちに及んでいきました。その精神を帯して政治を行わなければならないということで、『論語』は役人などの必読書の趣がありました。

一般の庶民にも及ぶという意味で『論語』が本当に普及したのは、江戸時代に入ってからだといえましょう。徳川家康は「武をもって天下を取り、文をもって天下を治める」ということを実践した人です。自ら林羅山《はやしらざん》のような学者について『論語』を勉強し、実践しています。武将たちも『論語』を学びましたが、その中で特に『論語』に親しんだのは加藤清正です。清正は、その教えを実践に移すのにも厳しいものがありました。

江戸時代には約三百余りの藩が全国にありました。それらの藩のほとんどは藩校という藩を担う人材を育てる学校を設けていました。そこでは『論語』が必須の書物でした。

この藩校は武士階級の学校ですが、江戸時代も後期になると一般庶民の学校もできました。寺子屋ですね。寺子屋というのは全国津々浦々に開かれ、今の小学校の数よりも多かったといわれます。だから、幕末期になると教育の普及度、識字率では、日本は世界最高の水準だったといわれます。この寺子屋でも、『論語』がテキストとして盛んに使われたのですから、『論語』が普及したのは当然です。『論語』に込められた教えは日本人としての教養の基礎、というよりも一般常識の基本といった趣でした。

それが明治になって学制が発布されて、小学校で『論語』を直接的に教えなくなってしまいました。ただし、中学校とか女学校とかそれ以上の学校では、まだ『論語』は非常に大事な学科として扱われておりました。しかし戦後になってからは、漢文が軽視されるようになり、したがって『論語』を読む者も少なくなってしまいます。ということで、今に至っておるわけですね。

大体、昔の修身書という書物は、『論語』の教えをもとにして説き出されたものです。ところが戦後は漢文教育が軽視され、明治二十三年に発布された教育勅語は、まさに『論語』を根底にしておりました。ところが戦後は漢文教育が軽視され、修身という課目も姿を消しました。皆さんの中にも、小学校、中学校で修身や道徳の学科がなかった人は相当おられるでしょう。現在の政界でも経済界でも、指導的な立場を占めている層には学校で修身も道徳も教わったことがないという人が相当にいると思います。

ただ、その時分はまだ家庭がしゃんとしておりましたからね。学校では教えられなくても、家庭の教育として自然に行われておったからまだよかったのですが、今はそれもなくなってしまいました。

しかし、世の中というものは何か困ってくるというと真実を求めるようになるものです。また最近になって『論語』などに対する関心が出てきているようです。

すべての根本は人間教育にある

『論語』の衛霊公《えいれいこう》篇にこういう言葉があります。

子曰《のたま》わく、教《おし》えありて類《るい》なし。【衛霊公《えいれいこう》第十五】

先師がいわれた。「人は教育によって成長するもので、はじめから特別の種類はないのだ」

人間は誰でも適切な教育をすれば立派な人間になるんだというんですね。台湾に参りますと、幾つかの立派な孔子廟がございます。台湾は教育の中心を孔子の教えに置いています。九月二十八日が孔子の誕生日ということで、この日には孔子廟で孔子を祭る厳粛な祭り「釈奠《せきてん》」が行われる。この日をまた「教師節」ともいって、祝日になっています。教育を非常に重要視して、しかもその先生の元祖を孔子に置いています。

日本にもいろいろな日がありますね。敬老の日もあるし、成人の日もあるし、父の日、母の日もある。しかし、残念なるかな先生の日がない。

人間をつくるうえにおいて、最も大切なのは学校の先生だと私は思います。しかし、その先生の日というのがないのです。また、一般の人の間にもそういう声は起こらん。先生自身に「我らは労働者だ」という意識があるせいか、一般の人に先生を尊敬に値するという気持ちが起こらんのでしょうか、先生の日を設定しようという声は一向に起こりませんね。

私は、日本には何はともあれ、父の日、母の日とともに先生の日ができることが大切だと思っておりますが、なかなかそう運んでおりません。

その点、台湾は教師節でもわかるように、孔子の教えを中心にしたしっかりした人間教育が行われているようです。

では、孔子の生まれた中国ではどうか。中国では一九六九、七〇年頃に文化大革命が起こり、国中が荒れに荒れました。当時叫ばれたスローガンの一つに「批林批孔」というものがありました。「林」というのは、一時毛沢東のナンバーツーだった林彪のことです。

「批林」はこの林彪を徹底的に批判するということです。そして「批孔」といって、林彪と同じように孔子を批判し、世界で最も悪い人間は孔子だと学校で教えていました。

ところが、文化大革命を推進した毛沢東夫人の江青一派が粛清され、今は孔子が見直されはじめています。しかし、孔子の教えを復元するとはいっても、文化大革命の後遺症で中心になる先生、学者がいません。そこで中国の各大学は孔子学科といったものを設けて、孔子研究学者の養成に取りかかろうとしています。十年後、中国には孔子の教えが完全に復活するでしょう。

特に孔子が生まれた山東省曲阜には師範大学がありまして、これは四年制二万人、二年制一万数千人の学生を擁《よう》する大きな大学です。ここに孔子文化学院ができて、キャンパス正面に見上げるような大きな孔子像が建てられました。

曲阜の師範大学だけではありません。孔子像は香港にも建ちましたし、シンガポールやマレーシアにも建ちました。これは単に孔子が復活したというだけではありません。すべての根本は人間教育、道徳教育であるという動きが国際的に起こっていることの現れだといえると思います。

学んで厭わず、教えて倦まず

いくつか『論語』から言葉をあげてみましょう。いずれも短い文章です。

子曰《のたま》わく、性、相《あい》近きなり。習《ならい》、相遠きなり。【陽貨第十七】

先師がいわれた。「性というものはさほど大きく離れているものではない。しかし、躾によって大きな差が出てくるものだ」

この「性」というのは人間の生まれつきということです。これは「教えありて類なし」と同じ意味になります。

子曰《のたま》わく、十室《じっしつ》の邑《ゆう》、必ず忠信丘《ちゅうしんきゅう》が如き者あらん。丘の学を好むに如《し》かざるなり。【公《こう》冶長《やちょう》第五】

先師がいわれた。「十軒ほどの小さな村にも、必ず私ぐらいの誠の人はいるだろう。しかし、私の学を好むには及ばない」

孔子という人は、人を教えたばかりではありません。自らも学んだ人であります。生涯を貫いて学んで厭《いと》わず、教えて倦《う》まず。これが孔子の真骨頂でありました。『論語』の中に有名な言葉がありますね。

【為政第二】

子曰《のたま》わく、吾れ十有《ゆう》五にして学に志し、三十にして立ち、四十《しじゅう》にして惑《まど》わず。五十にして天命《てんめい》を知り、六十にして耳順《みみしたが》い、七十《しちじゅう》にして心の欲する所に従えども、矩《のり》を踰《こ》えず。

孔子という人は七十三で亡くなった人です。そして生涯自己自身を向上するために努力を怠らなかった人です。そんな孔子が七十を過ぎてから自分の一生を振り返り、自分はこのようにして今日の境地に到達したんだということをいったのがこの章です。

孔子は自分自身をあまり語っていませんが、これは特別で、彼の一生を類推するうえにおいて貴重です。

孔子はまずいいます。「吾れ十有五にして学に志す」。この「学」は立派な人になるための学問、つまり聖賢の学を志したということです。当時、既に魯の国には小学校、大学に相当するものがあったのです。数え年の八歳にして小学に入り、そして十五歳にして大学に入る。しかしこれは貴族とか役人の子弟が入るものであって、一般の人は入れない。孔子は果たしてその正規の学校に入れたのでしょうか。はなはだ疑問です。疑問ではありますけれども、十五のときに学を志している。

日本で、学者にして聖人といわれる人の筆頭は中江藤樹《とうじゅ》であります。近江聖人と呼ばれた彼は、十一歳のときに「天子より以て庶人《しょじん》に至るまで、壱《イッ》にこれ皆身を修むるを以て本《もと》と為す」という『大学』の一節に触れたとき、食べておった箸を落として感動したといいます。

だから中江藤樹は十一歳のときに、聖賢の学に志した。それでわずか四十そこそこで亡くなっていますけれど、今もなお近江聖人とあがめられているのです。出身地の安曇川町の小学校の子供たちは、十一歳になると「立志の日」として全員が藤樹書院に参っておるんです。すばらしいことだと思います。

孔子は十五歳で学に志した。当時、決して裕福な生活ではなかった。それで早く結婚して子供が生まれる。すると一家を立てていかなければなりませんから、穀物の倉庫番になったり、家畜の管理をしたりという仕事をしながら「丘の学を好むに如かざるなり」というぐらいに努力をした人です。

そして「三十にして立つ」。努力をしておりますと、その真摯《しんし》な姿が自然に周囲に広がっていきます。

すると「自分もあの人のようになりたい。あの人に教えを受けたい」という人が出てきて、三十そこそこで相当の数の弟子が集まったといいます。それを受けて「よし、俺はこの道をもってこういう信念のもとに世の中に立っていくぞ」と肚が決まったのが三十の年だったのでしょう。

孔子の知り得た天命とは

しかし、人間は信念が強ければ強いほど、風当たりも強いものですね。自分は強い信念をもってこの道を往こうと思ったものの、それに対する抵抗も大きいものがあったと思われます。三十歳の頃の孔子は鼻っ柱も強かったでしょうから、あっちに突き当たり、こっちに突き当たりして、自分の信念に対する疑問、あるいはそこからくる迷いというものも生じてきたと思います。それが「四十にして惑わず」四十にして迷わんようになったというのです。ということは、三十代というのは大いに迷ったということですね。

人生というものは、迷いがあるところに悟りがあるんです。迷わざる者に悟りはない。お釈迦さんは、やがては王となるべき皇太子の地位にあったにもかかわらず、二十九歳のときに人生に対する深い悩みや疑問をもって城を抜け出て、六年の間、難行苦行をされて、三十五歳のときに大きなお悟りを開かれた。そして、それからは城へ帰らずに一人で仏教を説きはじめたわけです。

孔子は「四十にして惑わず」の境地に到達した。そして「五十にして天命を知る」五十になって天命を知った。学問をしていろんな書を読み、人からも話を聞いているうちに、ものの道理というものがわかってくる。「かくすれば、かくなるもの」ということがよくわかってくる。それで迷わないようになったのですが、これはまだ外からの入れ知恵的なものです。ところが、五十になってはじめて天命を知ったと、こういうのです。

この「天」というのは、いろいろな解釈があります。ここでは前にも申しました、天地を越えた、あるいは天地を結ぶ大きな働き、「造化」のことをいいます。「宇宙根源の働き」ですね。それは説明しようと思っても説明ができない。そういう不思議なる働きをもっているというので、天のことを「神」ともいいます。

天命の「命」というのにもいろいろな意味がある。「働き」という意味もありましょうし、「命令」という意味もある。我々がここに生まれてくるということは、天の命令によって生まれてきたのだという。だから我々の生命というものは、天の命令により、あるいは天の働きによって授けられ、その結果ここに生まれ存在しておるわけであります。

この命令とともにまた一つ、人間一人ひとり必ず顔が違うように、それぞれに何人《なんぴと》にも代わることのできない尊い「使命」が与えられている。一人ひとり、かけがいのない「使命」が与えられてこの世に生まれてきた。我々は「天の命令」あるいは「天の働き」により、それぞれの「使命」をもってここに存在しておるのです。

お釈迦さんのいう「天上天下唯我独尊」「天地の間に唯我一人尊し」というものの考え方は、「天の命により、それぞれの使命を持っている」ということです。そういう存在であるということを悟ったというのは、天がわかってきているということです。しかし、その「天」は現代でも説明がつかんのであります。説明がつかないものでありながら、それが見えてきた。声なき声が聞こえ、形なき形が見えてきた、ということです。

我々は、物として提示されれば誰でもわかるのですが、「天」は見えない世界である。しかし、それが見える人と見えない人とがあるわけです。神の存在がわかる人とわからない人とは、〇と一を比較するようなものです。一と二だったらわかるけれど、〇と一というのは比較にならない。

孔子は五十にして天がわかってきたわけです。天から直接、「自分にはこういう使命が与えられている」ということを直感した。これを言葉を替えていうならば、「自己自身がわかってきた」ということです。自分というものはこういうものだ。我々は天の働きによって生まれたがゆえに、一面からいうと自由なる存在であるけれども、それとともに使命をもった存在でもあるのだ、とわかってきたのです。

「自分」とは、それぞれの使命を持ったもの、分際《ぶんざい》、あるいは際限のある存在、自由のある中に際限のある存在をいいます。「自分」というのは非常に深い内容を持った言葉なんです。人間として立派になっていくためには、まず自分を知らなくてはいけないのです。

では、この自分とはいかなるものであるか。

ソクラテスは「汝《なんじ》自身を知れ」といっています。まず自分自身を知ることによって、自分をどういうふうな方向に向かって完成していくかが出てくるわけであります。

孔子は四十の不惑《ふわく》の年までは、まだ人から教えられていた。五十からは天から直接教わるようになった。ここに孔子の偉大なところがあります。しかし、これは人に話してもなかなかわからない境地であります。

孔子という人は教育者でありました。教育者は学者とは違います。学者というのは、自分の意見をうまく表現する。しかし教育者というのは、教える相手をよく知って、相手によくわかるように導いていく。いくら高遠なる思想でも、難しい言葉で幼稚園の子供に教えたってわからんですね。それをわかるように教える。それが教育者だということです。

孔子はこういっています。

子曰《のたま》わく、中人《ちゅうじん》以上には、以《もっ》て上《かみ》を語るべきなり。中人以下には、以て上《かみ》を語るべからざるなり。【雍也《ようや》第六】

先師がいわれた。「形而上の言葉で話してわかる中人以上の相手なら形而上の言葉で語ってもいいが、中人以下のわからない人には、そういう言葉では語らないほうがいい」。

わからない人にはもっぱら形而下の言葉を使うように、ということです。孔子の先輩格といわれる老子という人がおります。孔子を表とすれば、老子はその裏を説いた人であります。その老子がこういうことをいっております。


上士《じょうし》は、道を聞いて、勤めてこれを行う。

中士《ちゅうし》は、道を聞いて、存するが如く、亡するが如し。

下士《かし》は、道を聞いて大いに笑う。笑わざれば、以て道となすに足らず。


上士はよい話を聞いたらすぐ実行する。

中士は「そうやなあ、あるといえばあるし、ないといえばないし……」という。私が今話していることも、「ああ、そういえばありそうや。だけれど、あれはちょっと理屈や」とかなんとかいうわけです（笑）。

下士は「そんなことがあるかい」といって大いに笑う。そのあとに「笑わざれば、以て道となすに足らず」。下士の人から笑われるようなものでなかったら、本当の道とはいえん、と老子はいっています。

孔子さんも、弟子たちにはほとんど、この「天命」ということを語っておらんのです。だから、「孔子は宗教家ではない、単に道徳を説いた人だ」と簡単に片づけてしまう人が多いのですが、私は、孔子は釈迦、キリストと相通ずるものをもっていると思います。

釈迦は三十五歳のときに大悟した。キリストは三十そこそこ（三十二歳という説もありますけれども）にして大いに悟った。そして孔子は五十にして大いに悟るところがあった。

その大いに悟るところがあって、それからまた努力に努力を重ねて七十を過ぎる頃に、人間として円熟大成をしていった人であります。悟ったからといって、すべてではない。そこから人間的な精進をすることによって、人間としての高い境地に達したのです。

このことを示しているのが、「六十にして耳順《みみしたが》い、七十にして心の欲する所に従えども、矩《のり》を踰《こ》えず」という言葉なのです。

皆さんもこの言葉の真意を深く考えていただきたいと思います。

【第五講】

人間の真価

――君子固より窮す

この月の九日に、ちょうど自衛隊創立五十周年記念の講演に呼ばれて行って参りました。航空隊の百五十名の将兵がおるところで何を講義するかというと、向こうのほうから要望がありまして、「人として生きるうえにおける基本理念」という題をもらいました。これは軍隊の話をせよというより、もう一つ以前のことを話せということだと思いました。その一番根本になるのは『論語』だから、『論語』を基にしながらお話をいたしたのですが、そのときに素読をやりました。

素読というのは、意味をとるのはあとにして、目と耳と口と、その皮膚の感覚器官をすべて動員して読むというところに重点が置かれております。特にこの『論語』などは、韻を踏んだ文章が多いものですから、読んでおっても大変調子が良いのです。会場には佐官級や尉官級の人たちも大分おりました。昔でいえば大佐、今は一等空佐ですね。そういう人たちとも一緒に素読をやりました。一等空佐といっても、まだ若いんです。四十四、五くらいでしょう。私から見たらまだ青年ですね。だから皆、腹の底から出る声で、百五十名が素読しました。そうしたら周囲の窓が動くような、響くような感じがいたしましてね、近来の感動を覚えました。

そのときに「『論語』を読んだことがあるか」と聞いたら、二人だけが全部読んだと手を挙げました。ちょっとでも読んだことがあるというのが数人、あとはほとんどいない。イラクに派遣されて帰ってきたという隊員が二名おりましたので、それにちなんで「あんたら、『コーラン』は読んだことがあるか」と聞いたら、誰も読んでいない。「それじゃあ『バイブル』を読んだことがあるか」と聞いたら、二、三名おりました。

今、キリスト圏とイスラム圏の争いは宗教が根底にあるんです。単なる表面的勢力だけの争いではない。心の争いでもある。その原点は、『バイブル』であり、そして『コーラン』である。その根底を良く承知して、そして接することが大切なのではないか。今はそういう古典というものをほとんど疎《おろそ》かにして、現代だけに生きている人が多い。これが現状であると思います。

「知る」とはどういうことか

さて、「使命を覚知する」ということをテーマにしてお話しましたが、「覚知」について言及できませんでしたので、はじめにそのことについて話しておきたいと思います。

前回も申しましたが、『論語』という書物は言行録であって論文ではありません。体系的なものでもありません。しかし、だんだん後の世になりますと、いろいろな説が出てきます。そこである程度理論化する必要があるというので、孔子の孫の子思（名前は伋《きゆう》、字《あざな》は子思《しし》）が『中庸』という書物を書き残しました。その中に「知る」ということが説かれております。

「知る」には「生知」「学知」「困知」の三つがあります。「生知」というのは自然に知るということです。「学知」というのは人から聞いたり書物を読んだりして学んでこれを知るということですね。三つめの「困知」というのは、いろいろ苦労をしてこれを知る。本もそう読んでいるわけではない。人からも教わらないけれども、生活の中、あるいは仕事の中で非常な苦労をして、その苦難の中から真実を知るというのが「困知」です。

知ってしまえば、「生知」でも「学知」でも「困知」でも、それは一つです。ただ、人間は知るだけではいかん。知ったものを行うことが大切なんです。

この「行う」にも三種類がある。一つは安んじてこれを行う「安行」で、これは結果を求めません。それから二つめは、利してこれを行う「利行」。これは「こういう行いをしたらこういう結果が生ずるだろう」というように利益を考えながら行っていくことです。

それから三つめが、勉強してこれを行う「勉行」です。「生知安行、学知利行、困知勉行」という言葉があります。

そこで、この「生知」というのが、前回のテーマになった「使命を覚知する」の「覚知」にあたるといってもいいんです。

真実とは説明できないもの

「覚」は「さとる」と読みますね。「悟」――これも「さとる」と読みます。いろいろ説がありますが、「吾」という字は「五」と「口」を書く。「五」というのは「五指」であるという意見があります。五本の指を口に当てる。要するに、「本当の吾というものは言葉では表せない」という意味です。私は覚という名前だけれど、「覚るを話してみよ」といわれても話せないんです。本当のギリギリのことはわからない。だから、話さないほうが真実である。

だいたい話そうと思ったら、これを理論的に話さなければいかん。理論というのは筋道を立てねばいかん。筋道を立てるということになると、だんだん分析していかなければならない。相手にわからせるために、分析しなければいけないわけですな。

だから、理論の「理」を「ことわり」と読みます。「事を割る」ということですが、一つのものを割ってしまったら、そのものでなくなる。人間でもバラバラにしてしまったら、その人間ではなくなるんです。つまり、「事を割る」というのは「そのものから離れる」という意味です。

真実からだんだん離れてしまうと、いつの間にやら理屈という洞窟に入って出られんようになる。理屈なんてのは良い言葉じゃないんです。あんまり理論的に話すと、洞窟の中に入って出られない、真実から離れてしまうんです。

そういうことで、この「覚知」というのは「覚る」という意味で、「覚る知」である。だから、そいつは説明しようと思っても説明ができない。真実というものはだいたいそんなものです。

道元禅師という方は、日本に曹洞宗を開いた人であります。日本的禅宗といってもいいでしょう。あの人は「理屈は要《い》らん」といい、「只管打坐《しかんたざ》」といった。ひたすらに座るということが大事だ、と。そして本当の仏の心を覚ったのです。

その仏の心は、覚ったら自分の心にある。これは話そうと思っても話せない。「不立《ふりゅう》文字《もんじ》」といって、文字では説明ができない。たとえば熱いとか冷たいとか、そういうことは理屈でいわれてもはっきりわかるものじゃない。でも自分で体験したら一番良くわかる。これを「冷暖自知」といいます。仏の心というものもそういうものである。

しかし、「不立文字だから何も言葉は要らない」などといっておったら取り付く島もないですから、その不立文字のところに至るまで、ある程度は引っ張って行ってやらねばならない。それにはやはり理論的にして、書物などを書いておく必要がある。

道元禅師が残した有名な書物に『正法眼蔵』というのがあります。これは読んでいるうちに、だんだん何だかわからなくなってしまう。それは理屈ですからね。学者はそれでいいかもわからんけれど、覚りを求める人からいうと最良ではない。しかし、全然意味がないかというと、そうではない。そこまで引っ張って行く。ちょうど馬に水を飲ませるようなもので、水辺までは連れて行かねばならん。しかし、水を飲むのは馬なんですな。

親鸞《しんらん》聖人という方は幼少の時分に比叡山に登りまして、随分の修行もされ、特に頭脳も明晰《めいせき》でありましたから、万巻《まんがん》の書を読み、将来は比叡山を背負うて立つすぐれた僧侶になるだろうと非常に嘱望《しょくぼう》された人です。けれども、彼は比叡山の書物を読んでも、またいろいろ修行をしても、本当の仏の心に接触ができないと大きな悩みをもって山を降りるんです。そしてあちこちと彷徨《さまよ》った末に法然上人《ほうねんしょうにん》というすぐれたお坊さんに巡り会って、結局「南無阿弥陀仏」の六字の名号で信の一字に尽きると悟って安心したのです。

この「南無」というのは「それに一に帰依《きえ》する」という意味です。だから、ひたすら阿弥陀さんに帰依すれば誰でも救われる。あまりにも簡単なものですから、かえってわかりにくい。そこでなんとかして知らせようと思って、『教行信証《きょうぎょうしんしょう》』という大部の書物を残すんです。

仏教学者というのは、この『正法眼蔵』や『教行信証』を一所懸命勉強したり研究して、結局、覚らない人が多い。仏教学者が必ずしもすぐれた仏教行者であるとはいえないのです。理屈は良くわかっているけれども、仏の道を行じているとはいえない。逆に、文字も知らないような人に、実は仏の心を本当に覚っている人が多い。けれども彼らは自分の覚りの境地を人に伝えようとすると、そのテクニックがわからないわけです。

道元も、親鸞も、随分学問をしたが、その学問が覚るうえにおいては邪魔になることを知り、思い切ってこれを捨てて、そこではじめて覚ったのです。けれども、その境地を人に伝えようとするときには、無用と思われた学問が生きてきたわけですね。

形なき形が見え、声なき声が聞こえる境地

前回、『論語』の「十五立志」の文を読みました。そこには孔子が七十を過ぎてから自分の一生を振り返って、自分はこういう変化をしながら今日の状態に至っているんだというこことが述べてありました。これは孔子の精神面における自叙伝といってもいいと思います。何も予定をしてこういうように変化したわけではありません。晩年に至って自分の生涯を振り返り、だいたいこういう風な変化をしたんだなあということを述懐《じゅっかい》したものです。

それで後世の人は「孔子さんはいっぺんに飛び上がらないで、一歩一歩踏みしめながら高い境地に到達した。だから我々も努力をすればある所まで行くだろう」と考えて、孔子にあやかって、十五の歳を「志学《しがく》」、三十を「而立《じりつ》」、四十を「不惑《ふわく》」、そして五十を「知命《ちめい》」、六十を「耳順《じじゅん》」、七十を「従心」と呼ぶようになったのです。

しかし、天命を知るというのはやはり飛躍だと、私は思います。十年着実に歩んだから至る境地ではない。ここは比較にならない展開をしている。一、二、三、四、五というのは比較ができるんです。子供でも数を覚えさせるのは、一つ、二つ……といって覚える。だから、一と二といったら比較ができるんですね。同じように、一と三も比較ができる。

ところが「零」という観念がある。零という観念がわかるのは大分高度になります。この零というのは、実は非常に大きな働きを持っております。零の発見が数学をして飛躍的に発展させたというくらいです。

皆さんは「無一物《むいちぶつ》」「無尽蔵《むじんぞう》」という言葉も聞いたことがありましょう。「無」からはまた、無限のものが出てくる。実は、零の中には無限の無数の内容が含まれているのです。「天命を知る」ということは、いわば零を知ったということなんです。

我々は、幼少の時分から親や先輩から直接にいろんなことを学びます。あるいは書物を通じて学んで物事を知っていきます。そうやっていろんな知識が豊富になって、そこから結論を出す。「不惑」というのは、そういう親や先輩などの人間から学んだ知識的なものを基にして、「それはこういうものだ」「それに沿えばいいのだ」と帰納して結論を出すことができるようになったということです。いわば学者がいろんな書物を読み、それを総合して、結論を出していくようなものです。

ところが、「知命」というのはそれをもう一つ飛び越えている。人間を飛び越えているのです。その人間を飛び越えたものを「天」というのです。既に何度も申しましたように、この宇宙の根源の働きによって万物は生成しておる。我々人間もその一つである。それを「造化」ともいう。我々は造化の働きによってここに生まれ、かつ生きている。中国や日本ではこの造化のことを「天」といっておるけれども、それは説明し難い。そこで「不思議な」という意味でこれを「神」とも呼んでいる。

その神から、あるいは天から直接声が聞こえてきた。神とか天というものは形がないにもかかわらず、形なき形が見え、声なき声が聞こえ、それによって行っていく。だから、「知命」とは人を超えておるんです。天というものはそういうもので、その働きのことを「命」というんです。命とは「働き」という意味、あるいは「いのち」といいますが、いのちがあるということは働きをもっておるということなんです。

もう定年になったから、働きはよして楽に行こうか——こういう考え方は天の命に反するんです。我々は皆、生まれるのも生きるのも、天の働きによるものである。我々はすべて天から生命を与えられておるわけだから、これは全く自由にして平等なるものです。

しかし、すべてが同一かというと、そうではない。人間でも顔が違うように、それぞれにおいてその人だけがもっておるところの働きというものが、天から生まれながらにして与えられておる。その人だけの使命というものが与えられているのです。

孔子という人は五十になって「天」の存在が腹の底からわかってきたのです。ということは、声なき声が聞こえるようになったということです。

松下電器には、創立記念日と創業記念日の両方があります。創立記念日というのは、松下さんが会社を創った日です。前にもいったように、それは自己中心によって起こったといってもいい。事業をやって金を儲けて、栄華を極め、そしてさらに……という利己的なところから出発した部分が多かったのだろうと思います。ところがだんだん成功するにしたがって、そこに悩みが生じてきたんですね。悩みを生じて、その末にあちこちに教えを受けに行ってます。天理教にも行っているし、他のところにも行って、謙虚に話を聞いている。けれども、いずれもドスンと来るところがなかった。

それが昭和七年五月五日にドンと来た。天の声が聞こえたんです。「我が使命は何処《どこ》にありや」。会社としての使命は何処にあるか。その使命にしたがって、これから堂々と事業を進めて行こう、という風に変わったということです。

だから松下さんはしょっちゅう「天の声」を聞こうとして努力をしていた人です。真々庵《しんしんあん》においでになられたら、あの中にお社があります。松下さんはその前に一人座る。聞くところによると、その中にはご神体がないそうです。だいたい神社とかいうところはご神体がありまして、何か物を入れてある。伊勢神宮だったら鏡が置かれているし、熱田神宮は剣がある。ところが、そこの中には何もない。松下さんはその神社の前によく一人座っていたそうです。人からではなく、天の声を聞こうとされたんでしょうね。

孔子にその声が聞こえたのは五十を過ぎてからだった。聞こえない場合と聞こえている場合とは比較にならんのです。声なき声が聞こえる。前回の最後に老子の「上士は、道を聞いて、勤めてこれを行う。中士は、道を聞いて、存するが如く、亡するが如し。下士は、道を聞いて大いに笑う」という一節を取り上げました。有の世界だけしかわからない人は、

「そんなわからんようなものが存在するかい」と信用ができない。「あいつはわかりもせんことをいうておる」といって、かえってこれを笑う。しかしその最後に、「笑わざれば、以て道とするに足りず」笑われないようなものだったらそれは道ではないと、老子はいっているのです。

しかし現代は、摑んで見なければわからん。たとえば、ここに無数の電波が行き交っておるわけですが、ないといえばない。けれども、テレビを置いてみれば、その電波は形となって現れる。テレビから声が聞こえてくるのですから、電波は存在しておるのです。存在しておるけれども、目には見えない。

現代科学というものは、その見えないものを見えるようにしてくれた。これは偉大な功績であると思います。だが、見えない世界はまだ無限にあるんです。その無限にあることを知っているのが偉大なる科学者です。そして、それを追究している。その意味では、人間はテレビよりもラジオよりもすぐれている。本来からいったら、機械を使わんでも人間にはわかるんです。

それがなぜわからんのかというと、私とか我とか欲とか、いろんなものが障《さわ》りになって雲がかかっているからである。その雲がとれたら誰でもわかるのです。

孔子は「十五で学に志し、三十にして立ち、四十にして惑わず」という段階を踏んできたのだけれども、五十になって飛躍というものに巡り合った。お釈迦さんは三十五の年にこの飛躍があった。キリストは三十をちょっと過ぎた頃にそれを体験したといわれております。親鸞聖人は二十九歳のときに飛躍を体験し、浄土真宗がそこから起こる。

そういうことであって、バラバラの知識をあわせて帰納的に結論を出そうとすると、天の声は聞こえないのです。そこからは飛躍は起こらない。

この帰納に対するものは演繹《えんえき》です。新興宗教の教祖になる人は、だいたい演繹的になっている人です。新興宗教の教祖というのは、その経文《きょうもん》なんかを見ると、キリスト教からも仏教からも、あっちこっちから取り寄せて説明しています。あれは寄せ集めのように思うけれど、寄せ集めではない。学者と違うところは、自分が覚っているというところです。天から直接学んで、覚っている。だから、『論語』を読むと「あ、わしの思うとることはここにある」、『バイブル』を読んだら「あ、わしが平生《へいぜい》思うところがここにあるじゃないか」と思う。だから、自分が主体になって、個々の考えを自由に取り入れているのが新興宗教です。学者にはそれができない。誰それがこういった。この書物の中にこう書いてある。こっちにはこう書いてある。それらをあわせて結論を出すのが学者なんです。

安岡先生が良くいうておられました。「わしはちょっと学問をし過ぎた」と。どういう意味かというと「わしが本当に自分でこれだと思って信じたことは、皆、昔の人がいうておる」というのです。「わしは出る幕がなくなった」と述懐をしておりました。

極限状態での対応で人間の価値が決まる

孔子という人は、五十を過ぎてから主体的になったということなんです。つまり、自分を知り、使命感をもった。だんだん乱れてきている世の中を昔の堯《ぎょう》や舜《しゅん》のような、古いすぐれた王様がつくった理想的社会に復元したい。あるいは、その理想的社会を新たに現出させなくてはならない。それが自分に与えられた使命であると悟得したのです。

そのために一番手近なのは自ら政治に携わることだと考えて、五十一のときに地方長官になる。すると一年くらいで非常によい成績を上げるものですから、中央に召されて、建設大臣になる。そこでもなかなか立派にやるものですから、今度は今でいう法務大臣に挙げられました。やがては総理大臣の代行をも務めるようになって、大いに敏腕を振るうわけです。

しかし、それに対しては強い反発もありまして、やむなく母国を去り、彼を本当に知って用いてくれる国はないかと十数年間各地を彷徨うのであります。

その使命感の強さは説明ができないものです。人間というものの使命感は、本当のギリギリのところ、即ち極限状態に置かれたときに自ら発揮されるものだからです。

実業家の皆さんは利を追って仕事をしている。そうしなければ実業はできません。『論語』の中にも「君子は義に喩《さと》り、小人は利に喩る」といっている（里仁第四）。一般の人というのは利のほうに喩るんだというておるけれども、これは心の置き所によって大いに変わるものです。それは何かにぶつかってみて、はじめてわかるのであります。

孔子の人生にも、生死の境に立つギリギリの極限状態が何度もありました。そのときに孔子はどうしたか。孔子の歩んだ道を見れば、孔子の使命感を知ることができます。物事というのはそういうものです。理屈でいくらいっても、実際の問題にぶつかったときに、どう処理するか、どう対応するかによって、その人が決定するんです。

子曰《のたま》わく、予《われ》言う事無からんと欲す。子貢曰わく、子如《も》し言わずんば、則ち小子《しょうし》何をか述べん。子曰《のたま》わく、天何をか言うや、四時《しじ》行われ百物《ひゃくぶつ》生ず、天何をか言うや。【陽貨第十七】

先師がいわれた。「私はもう何もいうまいと思う」。子貢がこれを聞いていった。「先生がもし何もいわれなければ、私どもはどうして先生の教えを学び、伝えることができましょうか」。先師がいわれた。「天は何をいうだろうか。しかし春夏秋冬の四季は巡っているし、万物は自ら生成しているではないか。天は何をいうだろうか」

天というものは何もいわないけれども、実際のうえにおいては現れているのだということです。

子貢《しこう》という人は、孔子の門下では最優秀の秀才というべき人物です。しかし秀才というものは表面的に取りやすいものである。そして自ら深く追求しようとしない。さっと本でも読んだら、すぐにわかる。そんなに深く考えなくてもわかるものですから、皮相的なことが割合に多い。だから、「もし先生が何もいわなかったら、私たちは学び、それを伝えることができましょうか」といっているのだけれど、孔子は「いや、言葉以上のものがあるんだぞ」と子貢をたしなめているのであります。

また別のところで、孔子はこういっています。

子曰《のたま》わく、我を知る事莫《な》きかな。子貢曰《い》わく、何為《なんす》れぞ其れ子を知ること莫《な》からんや。子曰《のたま》わく、天を怨《うら》みず人を尤《とが》めず、下学《かがく》して上達す。我を知る者は其《そ》れ天か。【憲問《けんもん》第十四】

先師がいわれた。「私を知ってくれるものがいないねえ」。子貢が驚いていった。「どうして先生のような方が世に知られないというようなことがあるでしょうか」。先師がいわれた。「私は知られないからといって、天を怨んだり、人を咎めたりはしない。私は身近な低い所から学び、だんだんと天理にしたがって高い所に上って行きたいのだ。私を本当に知っているものは、まあ、天かなあ」

吉田松陰は二十五歳のときにアメリカに渡ろうとして失敗し、自首して捕らえられ、獄屋に繋がれました。そのときに、

「世の中の人は良し悪し言わば言え、我が為すことは神のみぞ知る」といっています。

「今の人は私を知ってくれなくても神だけは知ってくれるだろう」ということです。これは「天のみぞ」といいかえてもよいでしょう。

また、菅原道真の歌には、

「心だに誠の道に適いなば、祈らずとても神や守らん」

とある。「自分の心を本当に知ってくれる人はやっぱり神だ」といっているのです。

ところが一休さんになると、

「心だに誠の道に適いなば、守らずとてもこちゃ構わん」

といっている（笑）。これは禅の坊さんらしいね。心がまことに適っておったら神が守ってくれなくてもこっちは構わん。ということは、もう神と交流しているわけです。仏と一如しているわけであります。

坂本龍馬は、

「世の人はわれをなにともゆはばいへ、わがなすことはわれのみぞしる」といっている。これは偉いと思うね。神をもってきていないところにまた偉大なところがあります。

松陰はまだ「神」という言葉を出しているけれども、龍馬は「吾のみぞ知る」といっている。このわずか三十そこその人が、こういう表現をしておる。こういう使命感をもっているから、あの無官の大夫《たいふ》にして日本を動かした大きな力になったんでしょうね。人は知ってくれんでもいい。神が知ってくれる。いやいや、神が知ってくれんでも、俺だけがよく知っているんだぞ、と。

まあそんなわけで、少々話がそれましたが、孔子という人は故国を去ってから、本当に自分のことを知って用いてくれる国はないかと訪ね歩き、非常な苦難の道を辿っております。

子、匡《きょう》に畏《い》す。曰《のたま》わく、文王《ぶんのう》既に没したれども、文茲《ぶんここ》に在らずや。天の将《まさ》に斯《こ》の文を喪《ほろ》ぼさんとするや、後死《こうし》の者、斯《こ》の文に與《あずか》るを得ざるなり。天の未《いま》だ斯の文を喪ぼさざるや、匡人《きょうひと》其れ予《われ》を如何《いか》にせん。【子罕《しかん》第九】

匡に囲まれたとき、先師がいわれた。「聖人と仰がれる文王は既に死んで、この世にはいないが、その道は現に私自身に伝わっているではないか。天がこの文（道）を滅ぼそうとすると、私はこの文（道）に与《あずか》ることができないはずだ。天がまだこの文を滅ぼさない限り、匡の人たちは絶対に私をどうすることもできないであろう」

孔子はそういう使命感の上に立って、生命の危殆《きたい》に瀕《ひん》してもいささかも動じることがなかったというのです。実はこの場面には前置きがありまして、孔子が衛というところから陳というところへ行く途中に匡という町がありました。そこで恐ろしい目に遭ったのです。孔子の顔貌が匡人に対して暴虐を働いた陽虎という人に似ていたために、その土地の人から間違えられて、五日間も取り囲まれてしまった。孔子の門人たちは非常に恐れおののいた。そのときに孔子がいった言葉なのです。

これによく似た言葉が述而篇にあります。

子曰《のたま》わく、天、徳を予《われ》に生《な》せり。桓魋《かんたい》其れ予《われ》を如何《いか》にせん。【述而《じゅつじ》第七】

先師がいわれた。「天は私に徳を授けている。桓魋如きが私をどうすることもできないだろう」

これは孔子が五十七歳のときのことでありますが、衛という国のお隣の宋という国に行く途中、大きな木の下で弟子と礼について実習していた。孔子さんというのは各地を彷徨っておるのですが、弟子がついて行っているんです。どういう運命になるかわからんのに弟子がついて行っている。これは王陽明という人なんかも、軍人として戦地に行くんですが、そのあとに弟子がついて行って、戦の合間合間に教えを受けています。

そういう実習をしていると、孔子を大変憎んでおった宋の国の軍務大臣のような桓魋というのが、孔子を害せんとして兵士に命じて、その大きな樹を切り倒して孔子を押しつぶして殺そうとした。弟子たちは非常に慌てて、早くそれを避けられるようにと急《せ》き立てたのだけれども、そのときに孔子がいった言葉がこれです。

「天は私に徳を授けている。桓魋如きが私をどうすることもできないだろう」といって、なんら恐れる様子もなく、悠然としてそこを去って行った。

こういう死の寸前においても、自らの信念を曲げることなしにいたという。先にもいいましたが、人間は極限状態に置かれたときにどういう風に対応するかで決定されるといえると思います。

孔子の危難はなお続きます。

陳《ちん》に在《い》まして糧《りょう》を絶《た》つ。従者《じゅうしゃ》病みて能《よ》く興《た》つこと莫《な》し。子路慍《うら》み見《まみ》え曰《い》わく、君子も亦窮《またきゅう》すること有るか。子曰《のたま》わく、君子固《もと》より窮す。小人《しょうじん》窮すれば斯《ここ》に濫《みだ》る。【衛霊公第十五】

孔子が陳というところに行ったときのことであります。これは話せば長くなりますが、陳に呉という国が攻め込んできた。そのあおりを食って、孔子の一行は一週間も食料を口に入れられなかった。それで、みんな弱ってしまって立ち上がることもできなくなったというときに、孔子の弟子で、いいたいことはなんでもいう率直な子路がいったのです。「だいたい先生はいつも良いことをしたら良い結果が生じてくるといっている。にもかかわらず、こんな苦しみに遭うということは、先生の平生の教えと違うじゃないか」

そう思った子路は、プリプリしながら孔子のところへ行きました。すると孔子は悠然として琴を弾じていた。ますます癪《しゃく》に障《さわ》って「君子もまた窮する事あるか」と聞く。つまり、「立派な人物でも困る事がありますか」と尋ねたんですな。

それに対して孔子は「君子もとより窮す」と。「それは飯を食わなかったら腹も減るわい」といったのだけれども、ところがそのあとだ。「小人窮すればここに濫《みだ》る」。「普通の人は困ったら乱れて何をするかわからん」といったんですね。

この「濫る」という字を「盗む」と読んでいるものもあります。「小人は窮すれば濫る。君子は窮すれども濫れず」。後の句はこの中には書いてありませんけれども、その裏の意味はそうなりますね。困っても乱れない。

子路はこれを聞いて、ああそうだ、私はやっぱり小人だなあと感じたんでしょうね。ああ、やっぱり先生は偉い人だと非常に感動して、踊り出した。すると、他の者たちもそれを聞いてともに起き上がって一緒に踊りはじめた。井上靖先生の『孔子』では、この場面をはなはだドラマチックに表現しています。

極限状態に置かれたときの対応で人間が決定されるということがおわかりいただけたで

しょうか。

度重なる「固窮」から生まれた孔子の教え

大阪というところには昔から老舗《しにせ》というのが多い町です。私は戦後、ある焼け残った老舗を訪ねたことがありました。まだ三十幾つのときであります。客間に通されまして、暫《しばら》く待っていると衣擦《きぬず》れの音がして、非常に気品のある女性がお茶を持って参りました。大阪でいう御寮《ごりよう》はんです。

その部屋には古い額が掛かっていました。「固窮」と書いてありましたが、私がじーっと見ているのを御寮さんがご覧になって、「これは私の家の先祖伝来のもので、私の生まれる前からここに掛かっております。今まで訪ねてこられた人にこの意味を聞きましても、満足な答えが得られませんでした。あなたはご存知ありませんか」と聞かれました。

そこで、暫くじーっと見つめておったら、『論語』の一語を思い出しました。「これは、固《もと》より窮す、と読みます」といって、先の『論語』の一章を循循《じゆんじゆん》と話しました。

大阪商人というのは、困ったときでも好い加減なことはしない。乱れない。これが難波《なにわ》商人の根性である。そういう思いでこの額を掲げているのではないだろうかと申しましたところ、御寮さんは、「ああ、先祖の苦労がようわかりました。現代、こうしておられるのも先祖のお陰です。長い間には商売のうえでも随分困ったときもあったでしょう。そういうときを乗り越えて今日に至っている。本当にその通りです」とえらい喜んでくれまして、大変ご馳走してくれました。

その時分は食料不足で、三食がなかなか充分に食べ難いというときです。私はこの「固窮」という二文字のお陰で思わぬご馳走になりました（笑）。

「暖簾《のれん》」というのがありますが、あれは禅寺から発祥したものです。大阪の商店には暖簾が掛かっている。山崎豊子が『暖簾』という小説を書いてベストセラーになったことがありますが、その暖簾というものはその商店の信用を表すものです。長い間いろいろな試練に耐えながらその商売を正常にやってきた、ということを示すものですね。

戦後あまり経たない昭和三十年のはじめ頃ですか、大阪に阪神百貨店ができました。その当初、大阪の百貨店協会の教育課長と人事課長の寄る会がありまして、私が請われて行ったことがありました。話の前に同店の社員が「いっぺん新しい店内を見てください」といって各階を案内されました。そこに暖簾街というのがあったので、びっくりしました。この新しい建物の中に古い暖簾が入って、果たしてうまくいくのだろうかとちょっと不安に思ったんです。けれども、実はこれが良く当たったんです。それで大阪の各百貨店にこれが及んで、東京に飛び火し、やがて各地に暖簾街とか名店街というのが出てきました。その発祥地は大阪なんです。

大阪というところは庶民文化の発祥の地でありまして、しかも商人が良く勉強したところです。江戸は学問が盛んでしたが、この学問はやがてそこを出て各藩に召されてそれぞれ就職していくためのもの、つまり就職目的の勉強です。しかし、大阪の勉強というのは旦那芸《だんなげい》で、金をもっているから教養を深めるという意味で勉強した。だから身についているんですな。大阪は小学校の名前でも『論語』からとったものが多くて、教育にも非常に熱心でした。早くから四階建てにしてエレベーターがついた小学校が各所にありました。だから大阪の商人は、精神的内容においては『論語』を基にして商《あきな》いをしておったといってもいいくらいです。

話がそれましたが、孔子自身はそういう風に困っても節を屈することなく、悠然としてそこを乗り越えて行きました。「君子固より窮す」、この「固窮」という言葉には無限の意味があると思います。それは孔子自身が歩んだ道でもありました。

その孔子の教えが二千五百年後の今日もそういうところに生きておったのであります。それが生き残ったのは、孔子自身が単に学者として理論的に説いただけではないからです。自らそういう立場に置かれたときに、それを乗り越えて行った。ここに孔子の偉大性があると思うのです。

我々は何時ギリギリの極限状態に遭遇しないとも限りません。事業のうえでもうまくいかないときもありましょう。これを処理するときに、どうあるべきか。平素《へいそ》自らの持っているその仕事に対する使命感とか、あるいは自己自身の人生観とか、そういう確固たるものを持てる者と持たざる者とにおいて大きな変化が生じてくるだろうと思います。

今日、資本主義体制というものが時代を大いに発展させた大きな力にはなっておりますけれど、資本の力だけが優先して行くこの時代をして本来の姿に返すことができるかどうか。これは日本の将来にとって大きな問題だろうと思うのです。今このときが一番大切なときだろうと私は思います。

里仁第四には「約を以って之を失う者は鮮《すく》なし」の一章があります。「つつましくて、行きすぎないように心掛けて、失敗する者は少ない」という意味です。我々はこういう古人の生き方を学んで行くことも非常に大切ではないかと思います。

【第六講】

恥と日本人

――己を行うに恥あり

今回は『論語』の中の一句から「己を行うに恥あり」という題でお話させていただきます。

最近は「恥」ということをあまりいわなくなっています。そこで「恥」について少し文字学的にも確かめようと思って、漢字教育の先達《せんだつ》石井勲先生が小学生のために書かれた『楽しい漢字教室』という本を丹念に見てみました。ところが、そこには「恥」という文字が載っていないのです。不思議に思って小学校五年生の子供をもつ母親に聞いたところ、五年までは恥という文字は学ばないのだそうです。

この母親はなかなか熱心な人で、学校へ行ってそのわけを聞いてみてくれました。すると、六年を卒業するまで恥という文字は習わないことがわかった。不思議に思って校長先生に相談したら、「習わないのはわしの責任ではない。文部省の責任だ」と、こういったそうです（笑）。

皆さんは「恥」という文字を知らない人はないと思いますけれど、小学校の国語には出てこない。今の学校教育の基盤というものが、だいたいそれによって窺《うかが》われましょう。

そういうことで、今回はできるだけ『論語』を離れないようにして、「恥」というものを考えてみたいと思います。

「恥」とは自らの内から発生するもの

ルース・ベネディクトという人の『菊と刀』という本を読まれた方もあると思います。この本によりますと、日本文化の根底をなすものは「恥」であり、西欧文化の根底にあるものは「罪」であるといっております。西洋人から指摘されるまでもなく、恥というものは東洋思想の根源をなすものであります。中でも日本は恥ということを重んじてきた民族です。

我々人間は生まれながらに、他の動物と比較をして向上心というものが旺盛であります。これは天から生まれながらにして与えられているものです。その向上にあたって、目指す目標と自分を比べてあまりにも大きな隔たりがあるというときに、その目標に対して抱く心情を「敬」とか「敬い」といいます。それに対して、なぜ自分はその目標に及ばないのかと自己自身に問うたときに起こる心情が「恥」というものです。だから「敬う」ことと「恥じる」ことは心の両面であるといっていいのです。この両者が人間を限りなく向上させて行く。目標をもたない者は「敬」も「恥」も感じないのです。

宗教というものは「敬」を基盤にしております。そして、道徳というものは「恥」を基盤にしている。だから、健全な宗教には必ず道徳心の裏付けがあるし、また逆に、道徳の裏付けには宗教心というものがある。したがって、この両者を備えるということが人間として健全であるというわけなのです。

孔子は、その両面を具備《ぐび》した人でありました。しかし、どちらかといえば道徳のほうを表にした人です。だから孔子を宗教家だという人はあまりいない。いないけれども、この間お話し申し上げましたように、孔子という人は天命を覚知した人である。天というものを自ら体現した人である。だから孔子は宗教的心情を多分に持っていたと思います。

そこでこれから、孔子の抱く「恥」の観念を深めてみたいと思います。元来「恥」という文字はミミヘンに心を書いているでしょう。なぜ心を書いているか。

人間の感情が一番良く現れるのは眼でしょう。喜怒哀楽は眼に必ず現れる。だからその人の眼を見れば、その人の心を知ることができる。ところが、恥じるとか辱《はずかし》められるというと耳が赤くなる。この色というのはどこまでも内省するところから発する。内に省《かえり》みるところから出てくるものであって、他より強制されて起こるものではない。つまり、どこまでも内から発生するものが恥というものなのです。

曾子曰わく、吾《われ》日に我が身を三省す。人のためにはかりて忠ならざるか。朋友と交わりて信ならざるか。習わざるを伝うるか。【学而第一】

曾子がいった。自分は毎日自らを度々省みて、良くないことは思い切って省く。特に人のためを思って真心からやったかどうか、友達と交わって嘘偽《いつわ》りはなかったか、まだ習得しないことを人に教えるようなことはなかったかを三省する。

「日に」は毎日、「三省」の「三」というのは「度々」という意味で三回という意味ではない。度々自分を省みる。そして自分に問うて、自分が正義であったかを省《かえり》みる。そして自ら至らないところを省《はぶ》いていく。この「省」には「反省」と「省略」の二つの意味があるということはご承知の通りです。

省《かえり》みて省《はぶ》く。省みるのにはやはり鏡に写して見ないといけない。我々は外面的には自分の顔は見えません。自分の顔を見ようと思ったら、鏡に写してみなければならない。その鏡も、澄んでおらなくては真実は映らない。
また自分の内にある心が我々の鏡である。その鏡を絶えず研ぎ澄ましておかなければならない。いくら省みても、鏡が曇っておったのでは真実を写さない。だから、恥を知るという点においても、まず自分の内なる心の鏡を研ぎ澄ますということができなくてはならない。こういうことがいえると思います。

最近罪を犯した有名人の中に、どうしてあんなことをしたのかと思われる人がいます。人間というものはいつも鏡を澄ましておくことが大切ですが、これは人によってなされるものではありません。その恥を知るという点においても、常に自分の心を澄ましておくことが大切である。そして、それを省くのには勇気がなければなりません。
「恥」についてはこういう一章もあります。

子曰《のたま》わく、其の言をこれ怍《は》じざれば、則ちこれを為すや難《かた》し。【憲問《けんもん》第十四】

先師がいわれた。「自分の言葉を省みて恥じないようでは、これを実行することは難しい」

恥じるという字はこういう字を書く場合もあります。

孔子はこういうておるのですが、これに関連して、次の一章もあります。

子曰《のたま》わく、巧言令色《こうげんれいしょく》、足恭《すうきょう》なるは左丘 明《さきゅうめい》これを恥ず、丘も亦《ま》これを恥ず。怨《うら》みを匿《かく》してその人を友とするは、左丘明これを恥ず、丘もまたこれを恥ず。【公冶長第五】

先師がいわれた。「言葉巧みに顔色を和《やわ》らげて人の機嫌をとったり、度を越して恭《うやうや》しく振る舞うことを左丘明は恥じたが、私も恥じる。怨みを隠して親しく交わるのを左丘明は恥じたが、私もまた恥じる」

この左丘明という人は、孔子の尊敬する先輩であります。古代の有名な人か、あるいは孔子がいたく私淑《ししゅく》した人かは不明ですけれども、いずれにしろ、このような人との交わりにおいて恥じた人です。これは何も交友を断絶するということではなくて、親友として交わらないということです。

商売でもしていたら、会いたくない人でも会わなければならん場合も出てきましょう。そういうのを越して行くのが人生ではあるけれども、その人と本当の親友としては交わらないということがありましょう。

「心交」と「利交」

人間の交わりというものには、大きく分けると二面があります。

一つは心の交わり。これを「心交」といいます。心交の中にもいろいろありまして、素心の交わりを「素交」といい、清らかな心をもって交わることを「清交」といいます。また、「水交」というのもある。これはあっさりした交わり。同じように使われるものに「淡交」というのもあります。「君子の交わりは淡として水の如し」という言葉がありますね。水というのは本来は何の味もないようでありますが、君子の交わりとはそういうものである。それに対して「小人の交わりは甘きこと醴《れい》の如し」といって、小人の交わりは甘酒を飲むようなもので、ちょっとはいいけれど長くすると嫌になるといいます。

この「心交」に対するものは、利による交わり。これを「利交」といいます。利交の中にも「賄交」というのがある。賄賂、物でもって交わる交わりですね。それから「勢交」。これは勢力が強いから交わる。「量交」というのもある。量というのは「量る」ですから、どっちのほうが自分にいいかと二股掛けて交わるのが量交です。さらには「談交」。これは話がなかなか調子がよくてうまい、そういう集まりのことをいいます。もう一つ、困った者同士が寄って交わるのが「窮交」。最近は割合、この窮交がはやっていますな。良い者が両方寄ったらいいのだけれど、困った者同士が寄ったら、うっかりするとますます困るはずだけれども「同病相哀れむ」というわけでしょうな。この五つの交わりを「五交」といいます。

我々は心交ばかりとはなかなかいかん。利交の交わりもしなければならない。けれども、それが当たり前だと思い込んでしまうと、大きな落とし穴がある。それを忘れてはならないのです。

そういうことで、交わるという点においても、絶えず自らを省みて、恥ずる気持ちが大切である。論語にはこうあります。

子曰《のたま》わく、君子はその言《ことば》のその行《おこない》に過ぐるを恥ず。【憲問第十四】

先師がいわれた。「君子は自分の言葉が行い以上になることを恥じるものである」

これはあまり説明せんでも良くおわかりになると思います。

君子というのは徳のすぐれた立派な人をいいます。それから、その立派な人物となろうと努力をしている人をも君子という。また、そんな立派な人物は高い地位に就くのが当たり前ですから、高い地位にある人も君子といいます。

ここでは、そういう高い地位というよりも、立派な人物、あるいは立派な人物になろうと努力している人という風にとったほうがいいでしょう。そういう君子は、自分の言葉が行い以上になることを恥じる、といっているわけですね。

「誠」という字はゴンベンに「成る」と書きます。これは言行一致を表す言葉で、言ったことは必ず行う、成就《じょうじゅ》する。これが本来「誠」という字の意味です。あるいは、ニンベンに「言」と書くと「信」となります。この字もまた「まこと」という意味です。

ところが人間はなかなか言行一致とはなり難い。「偽」という字がありますね。もともとこの字は悪い字ではありません。「人間の行為」という意味です。ところが、人間の言うことと行うことが違うことがあまりに多いものですから、いつの間にやら「いつわり」と読むようになってしまった。「いつわり」という意味で使う場合は「偽」を「ギ」と読み、「人間の行い」という意味の場合には「イ」と読む。だから古い書物の中には、この字を「イ」と読んでいるものがたくさんあります。

そういうことでありまして、君子は自分の言葉が行いより以上になることを恥じる、というわけです。

これと良く似た文章が顔淵篇にあります。

司馬牛《しばぎゅう》、仁を問う。子曰《のたま》わく、仁者《じんしゃ》はその言や訒《しの》ぶ。曰《い》わく、其の言や訒《しの》ぶ、これ之を仁と謂《い》うか。子曰《のたま》わく、之を為《な》すこと難《かた》し。之を言うに訒《しの》ぶ無きを得んや。【顔淵第十

【二】

司馬牛という人が仁ということについて尋ねた。先師が答えられた。「仁者は言葉を慎んで、控え目にする」。司馬牛は驚いていった。「言葉を慎んで控え目にするくらいで仁者といえるのですか」。孔子が答えられた。「言ったことを実行するのは甚だ難しい。それで仁者は言葉を控え目にしないではおられないのだ」

孔子は聞かれる相手によって、同じ仁でも説明の仕方が違います。医者が病《やまい》に応じて薬を与えるように教えていったのが孔子の教育法で、応病与薬《おうびょうよやく》的なやり方です。

ここでは司馬牛という弟子が孔子に尋ねています。すると孔子は「言葉を慎んで控え目にするのが仁者だ」と答える。たったそれだけでいいのかと、司馬牛は驚くわけです。あまりにも簡単すぎる。仁というものはもっと高級なものだと思っているから、それくらいでいいのか、と驚いたのです。

恐らく司馬牛という人は、言ったことに対して必ずしも自己責任を感じなかったのかもしれません。軽率な傾向の若者であったのでしょう。それで孔子は司馬牛という人の人柄を見て、これを示唆された。「軽口を叩くな、もっと言葉を慎め」――簡単にいえばそういうことでしょう。

すぐれた官吏・政治家の条件

子貢《しこう》問うて曰《い》わく、如何《いか》なるかこれこれを士《し》と謂《い》うべき。子曰《のたま》わく、己を行うに恥あり、四方《しほう》に使いして君命《くんめい》を辱《はずか》しめざるは、士と謂うべし。【子路第十三】

子貢が尋ねた。「どんな人物をすぐれた官吏ということができますか」。先師が答えられた。「自分の行いを省みて恥ずるようなことをしない。外国へ使いをして君の命を辱めない者を士という」

子貢という人は前にも出てきました。孔子の高弟の一人で、口八丁手八丁というか、なんでもできる。弁舌もなかなか爽やかで、外交官として非常に成功する人です。また政治的手腕もありまして、政治家としても功績を上げました。特に孔子の門弟には珍しく、利財の才に長けて金儲けもうまい人でした。そのために孔子の門弟の中ではなかなか羽振りを利かせて、孔子教団のパトロン的存在でもありました。

孔子が亡くなってから一般の弟子は三年の喪に服しますけれども、この人だけはお墓のほとりに庵を築いて、さらに三年、都合六年、喪に服しました。非常に有能な人で、しかも歳は孔子が亡くなったときに四十二ですから、それから六年間、社会的なことから離れて孤独にあったというわけです。これもまた容易にできないことであります。

そういう風に何事も非常によくできる人ですけれど、内省的にはちょっと疎《おろそ》かなところもあったようです。

ここでは子貢がすぐれた官吏の条件を孔子に尋ねています。すると孔子は、「自分の行いを省みて恥ずるようなことをしない。外国へ使いをして君の命を辱めない者を士というのだよ」と答えています。これが第一級の役人、高級役人だというのです。

そこで子貢は、その次の段階を尋ねるのです。すると孔子はこう答えました。

「身近な親族一同が『あれは孝行な息子だ』と揃って誉め、村人たちに『兄や先輩に従順である』と誉められるような人が、次の立派な役人ということができる」

子貢がなお次の段階を尋ねると、今度はこう答えます。

「言葉には決して偽りがなく、行えば必ず成果を上げる。しかしこれは、コチコチで融通《ゆうずう》の利かない小人だが、まあまあその次とすることができよう」

つまり、言ったことは必ず信用できるし、行動もグズグズしないでキビキビと動いて結果を出す。これは非常に結構だ。しかし、こういう人はあまりにもそれに囚われすぎていて、コチコチで融通が利かないから小人だ。だが、まあその次とすることができよう。第三流の官吏ということができよう、といったわけです。

一流から二流に行って、三流まできた。そこで子貢は最後に「今、政治にあたる者はどうでしょうか」と尋ねた。すると孔子はこう答えました。

「ああ、枡で量るような小者ばかりで、取り上げるまでもない」

実はここを読みながら思い起こすことがあります。それは昭和四十七年の出来事です。当時の田中角栄総理大臣が日中の国交を開くべく中国に使いし、上海の空港で迎えられたときに、向こうは国歌と称し抗日歌を吹奏した。ところが田中さんはそんなことは何も知らんものですから、平気だった（笑）。そのときに、毛沢東が非常に貴重な古い書物を田中総理に贈りました。『楚辞集註』という本です。楚という国が秦という国に靡《なび》くか靡かないかというときに、楚の政治家で屈原という人がいました。この屈原は斉と提携して秦と対決しようという主戦論者ですが、友好親善派に追いやられて、汨羅《べきら》に身を投じて死んでしまう。その屈原の作品を中心にした『楚辞』という書物があって、これに朱子が註をしたのが『楚辞集註』なんです。

これを毛沢東が贈ったということを邪推すると、毛沢東は「お前さん、わしのいうことを聞かんと屈原のようになるぞ」ということを暗に秘めておったのではないか。けれども、そういう故事を田中さんはご承知でなく、有り難く頂戴して帰ってきたわけです。

私はこれをなんたる不見識かと思って、東京の安岡先生に意見を聞こうと思い、山を下りて電話をしました。そうしたら先生は「うん、それもある。けれどももっと重要なことがある」とおっしゃった。それは何かというと、田中総理が周恩来からもらった色紙があるのですが、それに「言は必ず信、行いは必ず果」の文字が書いてあった。安岡先生はこちらのほうが問題であると、次のようにいわれたのです。

「実は先ほど香港の友人から連絡があっていうには、『言は必ず信、行いは必ず果』というのは言葉としてはよい。けれども出典は『論語』である。その『論語』には『硜硜《こうこう》然として小人なるかな』、要するに融通の利かないコチコチの小人だといっている。つまり日本の総理大臣はコチコチの小物だということを暗に示している。これを知らずに有り難く頂戴をしたということは、日本の総理として誠に見識がない。香港の心ある人は、もし日本に本当に骨があったら、この一言によって戦争にもならないとは限らないといっていた。本当に僕もそう思う」と。

孔子の教えの流れを汲む『孟子』には「大人は言必ずしも信ならず、行い必ずしも果ならず」とあります。「すぐれた人物は言ったことは必ずしも信用できるとは限らない。行いは必ずしもキビキビしない場合もある」といっています。

田中さんはすぐ「よっしゃ、よっしゃ」と実に簡単に受けて、なかなか果敢にこれを実行した。そういう点においては、すぐれたところがある人です。あの頃の官房長官が大平正芳さんで、口ごもる癖があった。「ああうう、ああうう」というので評判になりましたけれども、あの人は本来は非常に雄弁な人だそうです。だけれども、責任のある地位に就くとなかなかそう簡単には返事ができなかった。それで「ああうう、ああうう」（笑）。しかし案外こっちのほうが真実だったかもわかりません。

孟子では、先の一文のあとに「義の在るところのままにする」といっています。果たして人間の道に適っているかどうか、義に適っているかどうか、それによって行うのであって、義に適ってない場合には「言必ずしも信ならず、行い必ずしも果ならず」となるわけです。

インドを無血にして独立に導いたのがガンジーであることは、皆さん、ご承知でしょう。このガンジーという人はしょっちゅう公約を破った人だそうです。

「吾は自由を愛する。されど我に魅せられたるものを忌《い》む」

とガンジーはいったそうです。つまり、「自分は自由を愛するけれど、わしに魅せられて自分で判断することのできない者を忌む」というんです。なぜこんなことをいったのか。ガンジーが一言を発すると数万人の大衆が動く。しかし、うっかりすると大衆心理で思いがけない方向に進んだりすることがあったからです。そうすると、ガンジーは前言を翻《ひるがえ》して、新しい方向を示したのです。

ところが次に出たネールという人はガンジーを最も尊敬していましたが、ガンジーの言わんとしたことがわからなかった。ネールはいっぺん約束したことは是が非でもこれを実行しなければ、というタイプなんです。

しかし政治は生き物ですから、はじめは正しいと思ったことでも時勢が変わると間違った方向へ行く場合もある。あるいは、自分は間違っていなくても、大衆によって変わってしまう場合がある。そういうことも含めて、政治というものは国民を正常に導いていくのが本来の姿といえましょう。それがネールにはわからなかった。

このように、融通の利く人と利かない人があるんですな。今問題になっている憲法を改正するとか教育基本法を改正するとかも同じです。ゴタゴタしてる間に年が経ってしまった。

憲法があって国があるのか、国があって憲法があるのか。国を守り、国を健全にしていくために憲法というものがあるのでしょう。これを取り違えると、時勢が変わっても「憲法にあるんだから、絶対変えない」ということになってしまうわけです。

自ら恥じて正していく

さて、今回は恥ということで話をしてきましたが、台湾の前総統の李登輝さんが、新渡戸稲造先生の『武士道』を読んで、『武士道解題』という本を書いています。その中にこんな文章があります。

「子供の頃、私たちは、絶えず母親から、そういうことをすると人に笑われますよ、ということを言われました。しかし今の母親たちは、子供にそういうことを言うべきではないと思い込んでいるのでしょうか。そういうことをすると誰かさんに叱られるわよ、というような言い方を好んでするようです。最近の母親は恥ずかしいということよりも、他人に叱られるとか、お巡りさんに捕まるとか、そういうことのほうに関心があるようです。要するに自立ではなく、他律的な方面に偏り過ぎているのです。ここで怖いのは、叱られるという他律的なことばかりに目が向いていると、悪いことをしても他人に見つからなければ良いのだとか、終《しま》いには、赤信号皆で渡れば怖くない、などといった方向にまで社会全体が引きずられて行ってしまうということです。新渡戸稲造先生は『武士道』の中で、正直という言葉と名誉という言葉は語源的には同根であると、明確に指摘しています。即ち名誉を重んじなくなったら最後、正直ですらなくなってしまう」

台湾の人がいっている言葉です。しかし本来、恥とは日本人なら誰でももっていたはずのものなのです。

子曰《のたま》わく、これを道《みちび》くに政《せい》を以ってし、これを斉《ととの》うるに刑を以ってすれば、民免《まぬが》れて恥ずることなし。これを道くに徳を以ってし、これを斉うるに礼を以ってすれば、恥ずるありて且《か》つ格《ただ》し。【為政第二】

先師がいわれた。「国を治めるには政令や法律のみにより、統制するのに刑罰を厳しくすれば、民は要領よく免れて、即ち何ら恥じることがなくなる。一方、国を治めるのに道徳を基本とし、統制するのに礼、即ち慣習的な規範によれば、自ら省みて過ちを恥じ、そうして自ら正していくようになる」

二千五百年前に既に孔子はいっております。法律は非常に大切である。大切ではあるけれども、法律一点張りでは恥じることを知らなくなる。やっぱり自ら恥ずる、という心が根本になければならない。

何も法というものを無視せよというわけではない。孔子は大司寇《だいしこう》といって、現代の法務大臣のような役にも就いた人で、当時の法律にも詳しかったと思います。しかし、これだけでは国家に本当の平安がもたらされるものではない。やはり「恥ずるありて且つ正し」、自分で恥じて、そして自分で正していくことが大事である。そのために、道徳的なものを用いて行くことが大切だといっているのです。李登輝さんの言葉は、既に二千五百年前の論語の中で孔子がいわれていることなのです。

そういうわけで、「恥ずるあり」という言葉は、我々の道徳生活の基本になっていたのです。その「恥じる心」を、日本人は今、深く考え直すときにきているのではなかろうかと思うのであります。

【第七講】

弘毅と重遠

——士は以て弘毅ならざるべからず

「迅雷風烈には必ず変ず」の教訓

本年（平成十六年）は重なる台風が全国的に大被害を及ぼしてまいりました。それに加えて、中越地方に大震災が勃発《ぼっぱつ》して、多くの方々が被害に遭われました。これは天災ではありますけれども、誠に痛ましい限りです。なにはともあれ、速《すみ》やかに復興いたしますことを祈念いたしたいと思います。

『論語』の郷党篇には、こういう一章があります。

子、齊衰《しさい》の者を見ては、狎《な》れたりと雖《いえど》も必ず変ず。冕者《べんしゃ》と瞽者《こしゃ》とを見ては、褻《せつ》と雖も必ず貌《かたち》を以ってす。凶服《きょうふく》の者には之に式《しょく》す。負版《ふはん》の者に式す。盛饌《せいせん》あれば、必ず色を変じて作《た》つ。迅雷風烈《じんらいふうれつ》には必ず変ず。【郷党第十】

これは孔子が自分の日常生活のことを書いたものであります。その中で孔子は「迅雷風烈には必ず変ず」、つまり「凄まじい雷や激しい風のときには必ず居住まいを正して謹慎された」とある。今回のような天災には、実際に被害に遭った方は居住まいを正す余裕もなかったと思われます。一瞬のことでありますからね。ですけれども、我々は平素文明に溺れて自然現象を軽視することのないように、やはり謙虚になることが非常に肝要ではなかろうかと思うのです。

今から三十数年前になりますが、ある土地購入の約束を取り交わしました大企業の不動産部の方がおりました。その人を私に紹介してくれた親しい友人がおりまして、何かの折に、この「迅雷風烈には必ず変ず」を私が説明したところ、その人は「それは自然現象だ。そういうことをいうのは、はなはだ迷信的なことだ」といって非常に批判されたことがあります。その後、私は瀬戸内海の無人島へ青年とともに数日行きました。帰ってきましたら、かの『論語』を批判した友人が「えらいことですわ」というんです。「何ですか」と聞きましたら、「あの、あんたと交渉しておった人が急に亡くなった」と。「へえ〜、あの元気な人がねえ」と驚いてその事情を聞きますと、平日ゴルフをしているときに、にわか雨で雷が急に鳴りだした。そこで、こうもり傘をさした途端に落雷で即死し、隣におった人は三メートルほど飛ばされたが運よく助かったということでした。

そういうことがあるんですね。やっぱり自然を軽視しておった。これは気をつければある程度防げたはずですけれども、不用意にそれをやってしまった。

というわけで、我々は文明生活にどっぷり漬って、自然と人生のつながりということをあまり考えなくなっております。しかし我々はこれを忘れてはならないのです。


今、生命を維持していくうえにおいて一番大切なものは水だというております。私が無人島に青年たちとともに行ったときも、一番大切なものは水であった。その水を無人島でどうしてつくっていくのかと考えることが最も大切でした。

今の人は水道に慣れきって、自ら水を求めるということも頭に浮かばないぐらいになってるんです。そして「水道の水は非常に安心ができる。井戸水は心配だ」といって、いい井戸水が出てるところを皆止めてしまって、水道に変えています。これは保健所とか役所がいうんですな。それでは水道の水は安全かというと、塩素で絶えず消毒しなければならない。

人間は井戸水を飲んで腹を壊すようでは、これは生命力が弱くなっとるんだな。第一、バイ菌というのは自然界には無数にあるんですから、多少のバイ菌に負けるようではいけない。それに対応するだけの体力を平生から養っておらなきゃいかんですな。
まあ、そういうことで「迅雷風烈には必ず変ず」というのは大切なことです。

「大正」という元号に込められた願い

大正十二年、私がちょうど八つの年に関東大震災が起こって、帝都はほとんど壊滅状態になりました。しかし、あの関東大震災というのは、考えようによりましたら日本を救うたんです。

それはなぜかというと、日本は明治で国を開いたが、世界からは「あれは中国の属国」と思われ、日本の存在を知るものは非常に少なかったんです。けれども、日清・日露の戦争に勝ってからは一躍世界の強国として認められるようになった。ところが日本人は、そこでにわか成り金のようにいい気になった。人間が「驕《おご》る」ということは非常に気をつけなければならないことです。それで、明治四十一年に「戊申詔書」という詔書を発布して、精神的にグッと締まらないかんぞということを教えた。それで日本人はグッと引き締まって、大正を迎えるわけです。

この「大正」という年号は『易経』という書物から出てきたものです。その中に「能止健、大正也」という卦（山天大畜）があります。健康ハツラツとしているときに、グッと伸びる力を抑えるということです。これは大いに正しいことです。健康というのは非常に喜ぶべきことだけれど、健康で調子に乗ってやりすぎるとダウンすることがある。その健康なときにあらかじめ自ら気をつけて止めることが大切だ。

事業でもそうです。ハツラツとして発展しているときに、これをグッと自分で止め、自制をする。これが大事であって、伸びるに任せておったら必ず頭を打ってしまう。

国もまたそうであって、この一小国が世界の強国といわれるようになって、いい気になった。その盛んな明治を受けて「大正はどうあるべきか」というと、グッとそれを止めること。伸びていくものの上に重い石を置いて増長させないようにするということが、将来を安全にする。だから、グッと抑えるというのが「大正」という年号の意味なんです。

ところが、大正三年に世界戦争が起こる。日本もあとのほうでちょっと参戦しますけれど、あれによって日本は戦争物資を運んだり、貿易も進んで非常に景気が良くなるんです。

このときに「成り金」という言葉ができる。「にわか成り金」がたくさん生まれました。しかし、そのうち戦争が収まってくるにしたがって景気は後退し、日本は非常な苦しみの中に落ちていく。

いっぺん膨張したものを抑えるということは難しいんです。貧乏人が贅沢《ぜいたく》するのは楽ですけど、金持ちが倹約することは難しい。

すぐれた人なら、「富貴《ふうき》に素《そ》しては富貴に行い、貧賤《ひんせん》に素しては貧賤に行い、夷狄《いてき》に素しては夷狄に行い、患難《かんなん》に素しては患難に行う」ということができるでしょう。これは『中庸』という書物の第十四章にある言葉です。「貧乏になり地位が低くなったら、それに相応するような生活をすればよろしい」という教えですが、しかしそれはなかなかできない。

日本もそうでした。世界戦争が終わったあと、なんとか引き締めなければ、このままでは空中分解すると思った人もいるでしょう。でも、なかなか人の耳には入らない。そこで天は東京、帝都に大鉄槌を食らわした。それが大正十二年九月一日の関東大震災です。

その被害に遭うた人は誠に気の毒でありましたけれども、日本人はそれによって大きなショックを受けたんですね。そのとき、即ち大正十二年の十一月十日に「国民精神作興に関する詔書」が出されました。それによって、精神的にも大いに引き締めるべきだということを国民に教えたのです。国民はこれによって、天の鉄槌を受けるとともに、我々も自覚しなければならないと、大いに心を引き締めることになる。それで漸《ようや》く大正というのは、まあまあある程度、安泰に過ごしていくのであります。

人間というものは、よくなるとノホホンとして調子に乗るものです。今の日本もそういう傾向にあるといえるかもしれません。しかし、詔書とか勅語とかいうものは現代では権威をもちません。また出すこともできない。アメリカは大統領が正月に「教書」というものを出しますね。政治は教えである。即ち政教一致である。だからこの際、日本も総理大臣の「教書」ぐらいは出してくれればと思うけれども、これもなかなか難しいことでしょう。

しかし、この間の小泉総理の「施政演説」には『論語』の言葉が引用されていましたね。その中に「政とは正なり」という言葉が引用されていた。けれども、これを詳しく報道するマスコミがおらん。あるいは政治家の中にもこれを話題にする人がいなかった。

あの小泉さんという人は、まあいろいろ批判もされますけれども、中国に行って万里の長城で揮毫《きごう》をしたときには『論語』の中にある「忠恕《ちゅうじょ》」という言葉を書いた。韓国に行ったときは「思無邪（思い邪なし）」という『論語』の言葉を書いた。しかし、時のマスコミは『論語』を読んだことのない人が大部分ですから、そういうことにほとんど注目しない。

中国では十三歳以下の者には『論語』を暗唱させる政策を今度打ち出したそうです。だから四、五年もすると、向こうの子供たちが『論語』を暗唱するようになってくる。すると「これに遅れまいぞ」ということで日本でも『論語』に関心を持ってくる者が多くなると私は思っています。

「士」とはどういう人物か

前置きが長くなりましたが、今回の講題は「士は以て弘毅《こうき》ならざるべからず」。まず

『論語』のこの部分を見てみましょう。

曾子曰《い》わく、士《し》は以て弘毅《こうき》ならざるべからず。任《にん》重くして道遠し。仁《じん》以て己が任と為す、亦《また》重からずや。死して後已《や》む。亦遠からずや。【泰伯第八】

曾先生がいわれた。「士は度量がひろく意志が強固でなければならない。それは任務が重く、道は遠いからである。仁を実践していくのを自分の任務とする。なんと重いではないか。全力を尽くして死ぬまで事に当たる。なんと遠いではないか」

曾子と下に「子」がついているのは「先生」という意味です。孔子の弟子の中で「先生」と呼ばれている人は非常に少ないのです。そういうところから、曾子の弟子が『論語』を編纂するのに非常に功績があったのではないか、自分の先生だから「曾子」と呼んだのだろうという類推もあるわけであります。

この「士」というのは、いろいろな内容を持っておりまして一概にはいいにくいのですけれど、文字そのものからすると「十」と「一」の合字です。「十」というのは無数を現すものでもあります。しかし、事をなすにあたってはそれを一つに集約しなければなりません。集約して全力を尽くしていくものを「士」というといってもいいんですね。

たとえば、この霊山《りょうぜん》歴史館の上の斜面にお祀りになっておられる五百四十九柱、これは維新の志士という。だいたい「志士」の「志」という字そのものが「十の心を一にまとめる」、即ち「心をさす」ということになるのです。したがって、この「志士」というのは、自分の身命《しんめい》を省みずに国家社会のために働こうとする志をもてる人をいうのであります。松下幸之助さんは昭和四十五年に「一人一人が昭和の志士たるの覚悟をもってあたることが大切だ」ということで、この霊山歴史館をつくったといいます。

また、徳川時代になると、武をもって天下を治めるといいますか、武をもって世に立つ、これを「武士」といった。

私の恩師の安岡正篤先生は、「他のことを考えずに農をもって立つ人をつくる」というので、埼玉県に日本農士学校という学校をつくりました。今でもその跡（郷学研修所）はありまして、三年ほど前にちょうど七十周年を迎えて、呼ばれて挨拶をしたことがあります。

既に話しましたが、滋賀県の草津に松下電器さんがつくられた学校に松下電器商学院というのがありました。これは販売会社の後継者を養成するところで、一年間にわたって一日二十四時間教育を行います。今は松下幸之助商学院と名前が変わっております。ここでは「商士」、即ち商いを通じて道を実践する、これを一番基本に置いてやっております。

徳川時代に「士農工商」というのが日本にもあったということは、皆さんもすでにご承知です。けれども、もう既に孔子の時代にこれに類する階層があったんです。まず庶民の上に立って政治にあたる人に大臣がいます。「卿大夫《けいたいふ》」です。その下に、現代でいえば役人、官僚、即ち「士」がいました。その士がだいたいは世襲のようになっていたんです。

庶民の中にはいろんな人がいます。だから、人の上に立つ人はそれを選《え》り好みしないですべてのものを広く包容《ほうよう》していく、度量が大きいということが大切です。そこで「士」というものは「弘毅ならざるべからず」。「弘毅」の「弘」というものは、広い、度量が大きい、あらゆるものを包み込むこと。「毅」というのは、いろいろな読み方があります。

ちょうどある会社から頼まれて「毅」ということについて書いたものがありますので、これをちょっとご紹介してみようと思います。

「毅然」「毅」は「つよい」「こわい」「たけし」等の意味が一般的であります。人の名前にもこの字が「つよし」とか「こわし」とか「たけし」とかと呼ばれてますね。教育勅語の原案を作られた井上という人の名はこの字を使っていまして、「こわし」と読んでおります。

古い注釈には、「強くしてよく決断するなり」あるいは「強く忍ぶ強さ」。攻撃的な強さではなく、忍ぶ強さが「毅」である。剛勇に対して沈勇《ちんゆう》である。剛毅《ごうき》という言葉がこの『論語』の中にもありますが、「剛」は強い、剛勇ということですね。その剛勇に対して沈勇、勇気が外に現れてない、内に潜んでいる。「剛」は陽であり、「毅」は陰である。その強さが内に強まっておる、剛に対しては柔である、ともいえる。

毅勇というのは、意志が強くてものに動じないこと。したがって、毅勇は強くしっかりしているさまをいうのです。孔子の教えを最も素直に受容して、生涯その実行に努めた曾子は、「士」は度量が広く意志が強固でなければならない。それは任務が重く、道は遠いからである。仁を実践することを自分の任務とする。なんと重いではないか。全力を尽くして、終わりの日まで事にあたる。なんと遠いではないか、といっています。

「士」については『論語』の衛霊公篇にも「志士仁人《ししじんじん》は、生を求めて以て仁を害すること無く、身を殺して以て仁を成すこと有り」とあります。「志士」というのは天下国家のために身を捨てて事に当たるという志を持っている人、「仁人」というのは、それを実践するすぐれた人物のことです。そのような「志士仁人」は命を惜しがって仁徳を損なうことがない。時には命を捨てて仁徳を成し遂げることもあるといっています。

「士」とはこのような人なのです。

人生は「耐」の一字にある

戦後間もなく連合軍の指令によって、二十余万の指導層が一斉に公職追放になりました。政界においても、財界においても、教育界においても、各界における指導層が一斉に追放された。追放になると給料は停止され、退職金もありません。何もないままポーンと放り出されたのです。

一方、インフレは日に日に昂進《こうしん》していく。有職の人でもその生活は窮迫の極に落ち込んだ者が多かった。給料は限られ、日々の生活すら容易ではない。だから仕事に携わっている人々が、ストライキをしてでも給料を上げてもらわなければいかんといい、一方経営者は「そんなことはとてもできん」という。そこで経営者と労働者とが真っ向から対立した。そういう時代ですから、追放者の暮らしというのは想像にあまりあるものがありました。昭和二十六年に追放が解除になるまでの約五、六年、無収の生活に落ち込んだのです。高い給料をもらっていた人が全くなくなる。社長であっても重役であっても同じです。

その追放が解除になるまでの数年間を、どんなに困っても、毅然としてすっくとしていた人も少なくはなかった。その崇高《すうこう》な人の後姿が今も脳裏に焼きついて離れません。だいたい人間は表面はやせ我慢でもできます。しかし、その人の心が最もよく現われるのは後ろ姿である。だから、心の中に非常にさもしい心を持っておったら背中に無意識に現れるんですね。やっぱり心底からそれをぐっと受けていた人の後ろ姿というものは、実に尊いものがあります。

逆に追放を免れて指導的立場にあった人の中に、自らの節を屈して時世に迎合した、いわゆる曲学阿世《きよくがくあせい》の人も随分おりました。

戦後、追放を免れようと思っていた人もあるし、免れた人が時世に迎合しないというと容赦《ようしや》なく首になるんです。大学の教授にしろ何にしろ。だから、自分の今まで信じておった学問的真理というものも投げ捨てて、「私は前からマルクス＝レーニン主義を奉じてた」という人が随分おりました。曲学阿世の「阿」は「おもねる」ということです。

当時の吉田茂総理が彼らを評して「曲学阿世の徒」といったんですね。そういう曲学阿世が氾濫《はんらん》した。「なんであの人があんなことを言い出したか」と疑われるような人がたくさん出てきました。自分の学問に非常に真剣に取り組まれて、我々も非常に尊敬しておった人が、戦い敗れたら一変して「私はもともとマルクスを信奉しておった」とか、ある人は「私は内村鑑三に心酔しておった」という。そんな変節者が無数に出てきたんです。まあ、内村鑑三先生は別として、戦後はマルクス主義が横溢《おういつ》し、大学でも「マルクスを語らん者は人にあらず」というくらいで、正常な者は大学の中でも肩身の狭い思いをしなければならなかった。今にして思えば、これらの人が毅然として耐えてくれていたら、今のような道義の混乱はある程度食い止められたのではなかろうかと思われます。我々も及ばずながらこれを食い止めるべく努力したけども、微力にして世を動かすに至らず、世は滔々《とうとう》として流れていきました。

私が山に居る時分のことですが、珍しく全山の厚い樹氷が朝日に輝く美しい光景に魅《み》せられたことがあります。そのとき、大きな松の枝やすっくと伸びた杉の幹がもの凄い大きな音を立てて折れていく様子を目の当たりにして、本当にたまげさせられました。

私はこの間、富山県に呼ばれて行きまして、帰りに金沢の兼六園に行ったんです。兼六園では、ご承知のように縄で枝を吊るしますね。あれが向こうの風物詩になっています。枝が雪で折れんようにしているんですね。

これも余談ですが、あるとき、松下さんの同系会社の主《おも》だった社長や本社の重役さんを集めた六日間に渡る研修会がありましてね。前三日は社長や副社長らが話をされ、後三日は一人ずつ外部から講師を呼ぶ。どうしたことか私も、ホンダの顧問やら住友生命の社長やらと一緒に呼ばれて行ったんです。それで、皆さんの顔を見ているうちにひょっと「松は弱いでっせ」というた。

『論語』の中にも「歳寒《とし》くして、然る後に松柏《しょうはく》の彫《しぼ》むに後《おく》るるを知るなり」（子罕第九）

というのがある。「寒さが甚だ厳しくなっても、松や柏（檜の一種）が他の木のようにしぼまないのがわかる」という意味です。この通り、表面から見ると松や柏は強そうだが、重みがかかったら折れる。こういうのが「剛毅」の剛のほうなんです。

それを念頭に松下電器の幹部さんを前に松が弱いという話をしておったら、とうとう時間がきてしまって、すべて話すことができなかった。もう二度と私に講演依頼はないであろうと思っていましたが、翌年また依頼を受けました。そんなことがありました。

強そうに見えても重みがかかったらガシャンと行くことがある。弱そうに見えても強いのがある。竹や笹は半球に曲がりよります。私のところに竹藪がありまして、雪が積もると竹や笹は半球に曲って今にも折れそうに見えましたが、雪が解けるにしたがって逐次《ちくじ》立ち直り、数日にして元の姿に返りました。昔から「竹は伏す」という。だけれども、重みがとれたら元に戻る。折れない。なんで折れないのか。それは節《ふし》があるからです。「節《せつ》を屈する」という言葉がありましたが、「節」があるので竹は折れない。

「操」という字は「みさお」と読みますように「美しい竿《さお》、まっすぐな幹」と見たらいい。

人間でも正しいことを積み重ねていくと「あの人は操のちゃんとした人だ」といわれる。「貞節」という言葉もあります。この「貞」という字は「正しい」という意味です。その正しさを固く続けて変えない人、いっぺんだけ正しいことをしてあとはやらないのではなしに、それを生涯続けて行く人、これを「貞操の正しい人」とか「節操のある人」というんです。

昔は「貞操」ということをよくいいました。一度嫁入りをしたら、生涯いかなることがあっても操を守っていく。これが女の貞操でありました。これは女だけじゃありません。男でもいろいろ苦しいことがあるけれども、これを続けていくことが大事です。一度節を屈したら、その人の生涯には大きな汚点が残るんです。「あの人は今は立派だけれども、あのときにはこういうことがあった」とかね。

だから「毅」というのは耐える強さ、忍ぶ強さ。「人生は忍の一字にある」ということがよくいわれます。「耐の一字にある」といってもいい。人生はいろんなものに耐える必要がある。

まず第一に「苦に耐える」。

苦しみというのには、お釈迦さんもいうように「生病老死」という苦がある。その他にもいろんな苦しみがありましょう。昔から「四百四病の中で貧ほど辛いものはない」ともいいますね。

ある古いお寺の坊さんが過去帳を調べたところ、三代続く金持ちは非常に少ない、一方七代続いた貧乏人もないと驚いていました。そりゃあ貧乏が七代も続くと、よっぽど辛抱がいる。まあ、貧乏の苦しみに耐えられんから、これをなんとかして逃《のが》れようと思って遮《しゃ》二無二《にむに》働いているうちに「稼ぐに追いつく貧乏なし」で金ができてくる。できたというて怠けておったら、また落ち込んでしまう。そういうことでしょうな。

それから「冷に耐える」。

「冷」というのは「冷ややかな眼」ということですね。つまりこれは「誤解に耐える」という意味です。自分には覚えはないのだけども、人から誤解されてあれこれ中傷される場合もある。それに耐えていくのを「冷に耐える」というんです。昔から「誤解するほど理解したら世の中はうまく行く」というぐらい、我々は誤解されることが多い。

しかし、人の噂も七十五日である。じっとしておったら、やっぱり正しいことは正しいと自然にわかってくるんです。その冷に耐えずに、こちらから弁解しようという風になりますと、かえって火に油を注《そそ》ぐようになる場合がある。じっと我慢してれば落ち着くところに落ち着くんです。

その次が「煩《はん》に耐える」。

これは「煩雑に耐える」あるいは「忙しさに耐える」といってもいい。人生は煩《わずら》わしいことがいろいろある。それに耐えていくことが大切。仕事は忙しいですが、大抵「忙しい」といっている人は将来性がないといわれる。逆にどんな煩わしいことがあっても、それに積極的に耐えていく人が将来大いに発展していくんですよ。

そして「閑に耐える」。

「閑」とは「暇」のことだから、これは「暇に耐える」という意味。煩雑な仕事に携わっているときはいいが、定年にもなって毎日が日曜日なんてなってきたら「今日はどないして過ごそうか」となる。暇に耐えるということは難しいことなんです。忙しさに耐えるより、退屈に耐えるほうが遙かに難しい。煩に耐えながら忙しくやっているうちはまだいい。これが何もなくなってごらんなさい。あとはもう呆《ぼ》けるよりしょうがない。「小人閑居して不善を為し、至らざる所無し」といいます。普通の人間が「閑居する」、つまり暇でおると、あんまりいいことは考えない。だから「不善を為す」善くないことをする。孔子さんは、それよりも「博奕《ばくち》なるもの」――これは博打《ばくち》ではなくて今でいうとスゴロクや碁等のことですが――、そういうことでもしているほうがまだましだといっています（陽貨第十七）。

この四つに耐えることを人生の「四耐」といいます。そして、その耐える強さが「毅」というものである。その「毅」が外に現れてくるというと、態度の中に「毅然」というものが出てくるわけです。「あの人はあの苦しみの中で毅然としていた」となる。

これを中国では「中流の砥柱《しちゅう》」という。これは何かというと、滔々として流れる大黄河の中流に石が立っている。その石は水に洗われながら、その表面は実に滑らかである。だけれども、いかなる激流がきてもすっくとして立っている。そういう言葉です。

人間もいかなる境涯に落ちても、節を屈することなく毅然として立っておることが肝要です。

広田弘毅と中村重遠の生き方

そこでなぜ「弘毅ならざるべからずか」というかといえば、「仁以て己が任と為す」、即ち「仁を実践して行くということが自分の任務である」からである。「仁」とは、もともとは宇宙造化（神）の根本の働きをいうんです。それを人間が達成していくということが「仁以て己が任と為す」。だから、これは重い。それが「死して後已む、亦《また》遠からずや」生きている限りはこれを実践し完成する努力をする。

だから人生には定年はない、ということなんですね。「もう六十過ぎたから、これでゆっくりしよう」なんて自らを限った生き方というものは、天地の働きに添うものではない。天地は無限の働きをしながら、しかも永遠の過去から永遠の彼方《かなた》へと一瞬の休みもなしに続いていっているんです。我々だけが「これでええ」といって自分で限ることはない。生きている限り、これの達成のために努力をする。そうすると「亦遠からずや」ということです。

この「弘毅」は人の名前に随分ついていますね。広田弘毅、彼は総理大臣の経験者でA級戦犯として処刑されました。石屋の息子から総理になった人です。図らずも戦犯として問われたときも、彼は一言も弁解はしておりません。そして、死刑が決定して処刑場に赴《おもむ》くときも、黙々として毅然として行ったそうであります。

多くのすぐれた軍人もおりましたけれども、最もその態度が立派であったのが広田弘毅だそうです。東大の教授をしておった花山信勝という浄土真宗の非常に有名な方がおられた。その人が教誨師《きょうかいし》といって処刑の決まった人のところへ説教に行く。ところが、この広田弘毅さんはその説教を断わったそうですね。もう、腹が決まっている。

そして、またこの奥さんが凄い方です。公職追放のうえに戦犯になりますから、もう収入の道はない。しかしご主人が「自分が死んだあと、妻や子はどうする」という心配をすることがないようにと、夫の処刑に先立って自ら命を絶たれたのです。これは「あとのことは心配なさるな。あなたは毅然としてその名の如く行きなさい」ということを暗に示しておるんです。

戦後、福岡のお城のところに和服姿の弘毅の銅像が建ちました。戦犯ですよ。しかもA

級戦犯です。そのA級戦犯の銅像がちゃんと建っている。これに対してなんら反発をしない福岡の人々もさすがに立派だが、それは彼が弘毅という名の如く生きた人だと知っているからです。

「重遠」という名前の人も多くいる。私の故郷の高知県には谷秦山《たにじんざん》というすぐれた人がいます。土佐に南学という学問があります。谷秦山は、その南学中興の祖です。号を秦山、名は重遠という。谷丹三郎重遠。

この人は十二年間藩侯に疎《うと》まれて家庭謹慎を命じられる。家庭謹慎を命じられたけれども、彼は節を屈しなかった。しかも藩侯を恨まなかった。その十二年間の間に生まれた子供が死んでいく。それでも彼は節を屈しなかった。その後、子供の垣守とか、その他すぐれた弟子たちが土佐の学問をさらに充実させて、それが明治維新につながっていくんです。坂本龍馬は直接ではないけれども谷秦山の教えを受けた。武市半平太瑞山《ずいざん》は自らこれを修めています。

私の故郷の直ぐ近くに宿毛市《すくも》という田舎町があります。明治のはじめにその宿毛の出身で中村重遠という人がいました。この人は藩の学校の先生をちょっとしたことがありますが、のちに軍人になり、四十五歳のときに陸軍大佐で亡くなっています。

明治維新後、廃藩置県で城がいらなくなったため、民間に払い下げたことがありました。姫路城や名古屋城のような名城も入札されたんです。今から見たら信じられないことですけれどもね。姫路城は入札で二十三円五十銭で落ちたんだそうです。けれども、これを解体するとなると大変なことですから、落札者は権利を放棄しました。

そういう状態のときに、「名古屋城と姫路城、これは天下の名城である。文化的意義もある。これは将来のために残さなければならない」と立ち上がったのが、この中村重遠という人でした。そのときはまだ若かった。幸いにして当時の陸軍大臣だった山県有朋《ありとも》を動かし、そして名古屋と姫路は国が面倒を見ることになるのです。

名古屋のほうは戦災で焼けましたけれど姫路は残って、今や世界文化遺産となっています。これを残したのは、あらゆる苦難の道を敢然として乗り越えた中村重遠です。今、姫路城の門を入ったところに中村重遠の頌徳碑《しょうとくひ》が立っております。

私も先年土佐に帰って彼の出身地に参りましたら、もう家はありませんでした。そこには「中村重遠屋敷の跡」という碑が立っておりました。まさに「任重くして道遠し」であります。

「任重くして道遠し」のままに生きた松下幸之助

さて、私が平成十一年十月に松下幸之助さんと私との関係をまとめた一文があります。ちょっとそれを読んでみます。

夢を語るは痴人《ちじん》馬鹿に等しいと言われますが、私が講録を添削《てんさく》していた九月十七日の未明、松下幸之助さんの夢を見ました。秘書の方から、この度、松下さんがある人から、「晨暉暢達《しんきちょうたつ》」と書いた色紙を貰った。これには対句《ついく》があるように思うが、その原典があるかどうかと私にファックスで尋ねられた。

意味は朝の輝きがどこまでも行き渡るということであろう。然し私は、浅学にして「晨暉暢達」の語は初めてである。ましてやその原典は知る由《よし》もなかった。そこで二、三の学者に問い合わせておいたが、返事がなくそのままになっておった。

ところが、松下さんが老夫人と秘書を伴って突然わざわざ拙宅《せったく》に訪ねてみえた。やや太り気味ではあるが、大変お元気そうに見えた。とりあえず玄関の畳の間に案内した。暫《しばら》く語り合っているうちに、別室に用意ができた。幸いにある人が、要望の対句とその原典を知らせてくれるというので喜んでその部屋に移った。

しかしどうしたことか松下さんの席が決まっておらず、立ち往生《おうじょう》しているうちに惜しくも目が覚めてしまった。ところが、思えば松下さんとのご縁は随分古い。私が終戦後の日本の前途に憂いを抱いて太平思想研究所を設立したのは、昭和二十一年一月三日であった。その年の十一月に松下さんは前途に限りない希望をもってＰＨＰ研究所を設立された。そうして翌年四月に月刊誌「ＰＨＰ」が発行された。

私は十月月刊の機関誌「有源」を発刊した。

当時は紙の事情が極端に悪く、出版は容易でなかった。それだけ希少価値もあり両誌を月々互いに交換しあったが、松下さんと直接面語する機会はなかった。

昭和三十二年に関西師友協会の設立にあたり、松下さんはいち早く賛同され、時には快く講演会に来講してくれた。

その会ができて昭和五十二年、毎日会館大ホールで催された創立二十周年記念大会には、安岡正篤先生と主講師として講演された。その数十年先を達観された警世の言葉は人々に限りない感動を与えられた。

その後まもなく、松下本社内に明治生まれの有力メンバーが「明治会」なる集《つど》いを作った。安岡先生の来阪の節、先生を囲んで語り合うというユニークな会であった。一年に二、三回、三年くらいは続いたように思う。

その会で、松下さんは私に語りかけられた。

「自分は日本の将来を思う時、時代を背負う優れた政治家を養成しなければならない。そのためには専門の学塾を興そうと思う。その構想を身近なものに話しても賛同してくれる者はほとんどない」「しかしこれは自分の若い時からの夢であったが、仕事の関係もあり取り掛かることができなかった。老いたりとはいえ、今こそ万難を排してこれを実現しようと思う。あなたはどう思われるか」と、そのまなざしは真剣そのものであった。

私は即座に、全面的に賛意を表したところ、満面の笑みをたたえて喜ばれた。

本社の貴賓室《きひん》から表玄関までは随分長い廊下が続いているが、その間、青年のような情熱をもって語り続けてやまなかった。それから一年、松下政経塾の構想が発表されて、間もなく実現されたのである。

私もこの中から吉田松陰の「松下村塾」の如く、これからの新しい時代を切り開いていく志士仁人の輩出をこよなく待望するものである。

こういう文章です。今、松下政経塾の卒業生が代議士にもだいぶ出るようになりました。松下さんは小学校四年しか出てないんですよ。しかし日本の将来、国家の前途を思い、八十を過ぎてから「老いたりとはいえ」といいながら、今やっておかなければならないとして政経塾を創立されたのです。まさに「任重くして道遠し」です。しかも彼は役人でもありませんし、政治家でもありません。一般の民間人でありながら、こういう志を持ち、それを実行した人であります。まさに昭和の志士でした。

平成十七年は戦後六十年、還暦の年を迎えます。このときにこそ日本本来の姿に立ち帰り、日本人としてすっくと立って歩ける、そういう輝かしい時代が来れば有り難いことだと思います。

【第八講】

君子とは何か

——君子はその能無きを病う

「大人」と「小人」を判断する方法

今回は「君子はその能無きを病《うれ》う」ということをテーマに話をしたいと思います。これは論語の衛霊公篇に出てくる言葉です。

子曰《のたま》わく、君子は能《のう》なきを病《うれ》う。人の己れを知らざるを病えず。【衛霊公第十五】

先師がいわれた。「君子は自分に能力のないのを気にするが、人が自分を知ってくれないことを気にしないものだ」

これと大体同じようなことが憲問篇でもいわれております。

子曰《のたま》わく、人の己を知らざるを患《うれ》えず。その不能を患《うれ》うる也。【憲問第十四】

先師がいわれた。「人は誰でも自分の知らないことは患うけれども、その能のないことを患えるということが大切だ」

これらは人間として立っていくうえにおいて能の大切さについていうておるわけでございますね。そういう点からすると、私などは実業家でもありません。実業にも一時携わったこともありまして、金儲けの喜びとか楽しみとかいうことを覚えたこともありましたけれども、やっぱり私はその任ではないというふうに思いましたから足を洗ったんです。

この間一周忌を迎えられた人に、私の尊敬する先輩の大実業家がおりました。この人が、日本経済新聞の「友を語る」という欄で「伊與田覺なる男がおる。これは世にも珍しい経済的無能力者だ」と私のことを書いています。ある人から「新聞に載ってますぜ」といわれて読んでみて、「うん、そりゃほんとや」と頷きました。この人が新聞で発表しとるぐらいですから、私はまさに経済的無能力者です。

しかし、この人は私の無能力を知って、その無能力を補ってくれた人なんです。あいつは金儲けはできん。けれどもあいつの考えることはいいからこれを助けてやろうというて、私が夢を描くごとにあとをちゃんとやってくれた人なんです。その逆に、あいつは経済的無能力者や、あいつを助けても何にもならんといって私を見捨てた人もあります。

言葉づかいというのは非常に大切なものです。「あいつは貧乏だけれども立派な人物や」という場合と、「あいつは立派な人物だけれども貧乏や」というのでは全く意味が違ってしまいます。この言葉の使い方に、その人の人生観というか価値観が出てくる。だから言葉というものは気をつけて使わなくてはいけません。それが、その人の人柄を表すことにもなります。

『論語』の目指す人物像というのは「君子」というものです。その君子という言葉が入っている章が『論語』には七十以上あります。だから『論語』は君子の学であるといってもいいのです。

この君子に対するものが小人です。小人という場合もいろいろあります。「子供」という意味も、「つまらない人」という意味もありますが、この君子に対する小人というのはつまらない人というほどでもなくて「普通の人」というぐらいにとったらいいと思います。

では、君子と小人はどう違うのか。あれは君子だ、あれは小人だといいますが、何を基準にして「君子」「小人」というておるのか。

実は、君子と小人を選別する基準になるものがあります。その第一は徳というものがあるかどうか。徳に対して才、働きとか能とか才能というものがあります。前にも述べたように、人間には生まれながらにして徳性というものと知能技能という才能のもとになるものが与えられておるんです。

それで、その人間において徳と才とのどちらがすぐれておるかを見て、才よりも徳のすぐれている人を君子というのです。反対に、徳よりも才のすぐれた人、たとえば「あいつ才走ってるな」なんていう人を小人という。

それから義という言葉がありましたね。義に対するものは利という。ここでいう利というのは、私の利です。その私の利よりも義を重んじる人、つまり道義を重んじる人を君子というのです。この「道」というのはルール。天地には天地の道がある、人には人の道がある。このうち人の道のことを義というのですが、そのルールにしたがって義のほうを重視する人が君子であり、利のほうを重視するほうを小人というのです。

また、他人のことを先に考える人と、自分のことを先に考える人とがある。このときは、公《おおやけ》のことを先に考えて私のほうはあとで考えるのが君子、私を先に考えるのが小人です。これらが君子、小人を判定する基準だといいます。

君子型実業家・松下幸之助

子曰《のたま》わく、吾れ回《かい》と言う、終日違《たが》わざること愚《おろか》なるが如し。退《しりぞ》いてその私《わたくし》を省みれば、亦《また》以って発するに足る。回や愚《おろか》ならず。【為政第二】

先師がいわれた。「私は回と一日中話をしても彼はおとなしく聞いていて、まるで馬鹿のようだ。ところが彼の私生活を見るとかえって私が教えられることが多い。回は決して馬鹿ではない」

この回という人は孔子の門弟の中で最もすぐれた高弟といっていい人です。しかしこの人は世にも珍しく貧乏であった。そして、回という人はあまり話さない。じーっと一日中、孔子の話を黙って聞いておる。あいつはわかってるのか、わかってないのか。

ところが、もう一人非常な秀才で子貢という弟子がありました。この人はもうしょっちゅう孔子に質問をしておる。また、しょっちゅう孔子に窘《たしな》められとる。もし『論語』に子貢がおらなかったら、これは寂しい本になる。やっぱり質問する人がいないとね。

これに対して回は聞いているだけだから、あいつはわかっているのかどうかわからん。アホかいな、というふうに思われるけれども、孔子が回の日常の生活を見てみると、自分がいった話をちゃんと実行しておる。本当にわかっとるんだな、あいつは馬鹿じゃない、とこういっておるのです。

その意味では、まさに回というのは非常に徳の高い人であったといえます。才よりも徳のほうが勝《まさ》っている。だから孔子も「回は君子だ」といっています。

子曰《のたま》わく、君子は義に喩《さと》り、小人は利に喩る。【里仁第四】

先師がいわれた。「君子というのは非常に義という方面に敏感である。ところが小人というのは利のほうに敏《さと》い」

これは何度か出てきました。義と利とどちらのほうが先にピンとくるか。これで君子と小人の差が生ずる、というのであります。

徳川時代には儒教が非常に盛んでありました。士農工商といい、商が一番下に入れられておった。侍の士は君子、農工商は小人にあたる。商人というものは利のほうに敏いというわけで、低く見られたところがあった。

しかし、株式会社というのは営利を目的とした法人ということになっていますから、営利がピンと来ないような人は実業家として大成できません。宗教家とか教育者は別ですが、実業家は利がピンとこないようではあきらめたほうがよろしい。

だから、何もこの小人というものが悪いという意味ではなしに、「一般の人」というふうに解釈したほうがいいと私はいっています。

実は、今日話をするために「君子は義に喩り、小人は利に喩る」と書いていたところ、ちょうど十一月二十七日に松下幸之助さんの創業の地に記念碑が建てられたという記事が大阪の新聞には大きく出ておりました。

少し説明をしておきますと、松下電器は大阪市福島区大開というところからはじまりました。そこで非常な発展をして、のちに大阪の門真《かどま》というところに工場を移すんですね。これは私の尊敬しておった人が村長をしておりましてね。安岡正篤先生と中学校の同窓だった中塚種夫という人です。松下さんは仕事をはじめてまだ間もない頃に、住友銀行の預金係が来て預金をすすめられました。そうしたら、逆に「私はまだ預金をする余裕はない。逆にちょっと融資をしてもらいたい」と申し込んだ。銀行の人が「いくらぐらい必要か」と聞いたら五万円だという。今から九十年くらい前の話ですから、五万円といったらなかなかの値打ちです。

それを聞いて銀行の人はちょっと無理だと思ったが、しかし松下さんの言い方に対して敬意を持っておったんでしょうね。すぐには断らず、金額が大きいから支店長に相談することにした。すると、支店長から「おまえさんの思うようにやりなはれ」といわれたので、預金のない松下さんに五万円を融資した。それがもとになって松下は大いに発展をするんです。そこで工場も狭くなるし、土地を替えようといって今の門真というところに移った。

ところが、その後もどんどん大きくなっていきましても、なお毎日その支店に預金をしにいくんです。門真というところと大開というところはだいぶ離れておりますけれど、松下さんは近くの銀行に預けないで、最初に融資をしてくれた支店に全部預けた。しかも毎日毎日です。

銀行のほうは、毎日門真からわざわざ松下さんが来るから、それではということで松下の工場の近くに支店の出張所をつくるんです。そうしたら、その銀行の支店のほうの成績も上がるし、両方が発展してきたんですね。

松下さんは、その後、松下電器が非常に大きくなって健全なときに、住友銀行の専務をしておった人を副社長として迎え入れるんです。業績が悪いので銀行から重役を迎えるというケースはよくありますけれど、松下さんは業績の非常にいいときに迎え入れた。かつてお世話になったご恩返しに迎えたのですね。こういうのをみると、松下さんは昔から義というものを重んじた人であったことがよくわかります。

さて、その新聞の記事にはこう書いてありました。

「松下電器産業の創業者故松下幸之助氏の生誕百十年にあたり、二十七日、創業の地である大阪市福島区の大開公園に有志による記念碑が建立された。同社の中村邦夫社長も出席して除幕式が行われた。

記念碑は高さ一・八メートル、幅二メートル、正面には幸之助氏の長女で松下正治名誉会長の妻幸子さんが松下幸之助創業の地と揮毫して、その裏には幸之助氏が好んだ言葉、道の直筆《じきひつ》文字が刻まれた」

「幸之助氏は大正七年二十三才で大開地区に松下電気器具製作所を創立、昭和八年まで同地で事業の基礎を固めた。しかし創業の地を示す目印などはなく、地元自治会や郷土史家が昨年町おこしの一環を兼ねて記念碑の建設を計画。資金は同社や松下電工の社員、ＯＢ、地元有志ら約九千三百人から目標の五千万円を上回る六千五百万円が寄せられた。

式典後に挨拶した中村社長は、幸之助氏の生誕百五十年、二百年のときにもそれにふさわしい業績を残せるよう今日を第一歩の日と決意して努力しますと誓った」


松下さんは実業家ではありましたが、君子型実業家といってもいいでしょう。この人がもし実業に投じないで別の方向に行ったら、そっちのほうでも大をなしたでしょう。ただ家が貧乏でしたから、小学校四年を出て丁稚《でっち》奉公に出たところで彼が実業に投じていくきっかけができた。もし家が貧乏でなかったら別の方向に行っとったかもわかりません。

これは今までもお話ししたことがありますが、滋賀県の松下の工業団地の中に松下幸之助商学院というのがあります。そこの学科の一番中心をなすのが商道科です。商《あきな》いには商いの道がある、天地のルールに適った道というものがある。これを商道というのです。

枚方《ひらかた》には大きな立派な研修センターがあります。二十一世紀を先取りするといってつくったものです。その中に二年制のものづくり大学というのがある。そのものづくり大学は、いわゆる技術を修練するところです。高等学校を終了したあと、さらに二年ここで研修して技術方面の磨きをかける場所です。ここは松下の技術の中核をなそうとする学校ですが、技術ばかりではなく精神的な教えも学ばなければならないというので、二年サイクルで私に話をしてくれというて申し込んできました。

その学科を「伊與田塾」にするということでしたが、私は断りました。それでは他にいい名前がありませんかというので、「進徳科はどうでしょう」と提案し、そのように決まりました。

だから松下さんのとこはね、技術の面では「徳」、販売のほうでは「道」を大切にする。両方で「道徳」です。いつの間にかこういうふうになった。生産も販売も、どちらも道徳を根本にするという松下さんの姿勢が表われていますね。

君子型偉人の西郷隆盛、小人型偉人の勝海舟

こういうことでありまして、道徳と才能のバランスがとれるのが大切であります。しかし人間というものは微妙なところがありまして、ちょっと徳がすぐれるか、ちょっと才がすぐれるかで、表れ方が違ってきます。ちょうどリトマス試験紙で酸性とアルカリ性を調べるようなものです。ちょっと酸が過ぎたら赤くなる、ちょっとアルカリが過ぎたら青くなるのですが、その差は微妙なんです。微妙だけれども、はっきりと表われてくる。

会社によっても、受付の対応だけでわかるところがありますな。特に大企業になりますと受付に女性を置いてますが、その人の対応によって会社の雰囲気というものを感じとることができる。

ところがね、これにも段階がありまして、徳が非常に高くて才も高いという人があります。両方とも高いのだけれども、比べるとやっぱり徳のほうがすぐれておる。そういうのを君子型の大人《たいじん》というんですね。

賢者という言葉があります。「賢」というのは「賢い」という意味で今は使っております。頭がよくて才能のある人のことを「賢」といっておりますが、昔は「賢」というと学も徳も才も非常にすぐれている人で、その中でちょっと徳が高いかな、という人をいいました。それを賢者、あるいは大人といった。

だからいろいろな種類があるんです。非常に才も徳もあるけれども、比べると才のほうがすぐれている人は小人型の偉人といいます。それから、両方ともえらく劣っておって低い。そういう人を賢者に対して愚者といいますが、この愚者の中にも君子型と小人型があるわけです。

この「才」という字は面白い。才には「僅《わず》か」という意味があるんです。漢文を読んでご覧なさい。この字を「僅かに」と読んでおります。「リトル」ということ。人生にとって大切なものではあるけれど、わずかなる存在、それを「才」という。

財産の「財」という字にも才がついています。これは「働き」ということですね。実際に、これは金の働きです。それは大きなものであるけれども、人生においてはわずかなるものだと。それを「財」といった。

キヘンをつけると「材」、この上に人をつけると「人材」となりますね。人材というのは「能力のある人」「いろんな能力を持った人」。ただし、「人物」となるとちょっとニュアンスが違う。「あの人は人物だ」というのは、「あれは人材だ」というのと内容的には違ってくる。

君子と小人を比較するにあたって、幕末から維新にかけて偉大な功績を上げた代表的な人物、西郷南洲と勝海舟を見てみるとわかりやすい。両者ともに徳も才もある人でありますが、西郷さんは君子型の偉人であり、勝海舟は小人型の偉人だといわれています。

西郷さんは、内村鑑三が書いた『代表的日本人』という中で第一に挙げられている人です。あれを読んでおったらね、西郷さんはすぐれているけれども経済的には無能力者だと書いてある。ところがよく調べてみたら、西郷さんに経済の才能がなかったかというとそんなことはない。十分才能を持った人なんです。

西郷さんは貧乏な家に生まれた人です。それで若い時分には地方の役人に派遣される。そうすると、経理から何から全部やらにゃいかん。それで、そのときに算盤《そろばん》を稽古したんです。算盤の達人だったそうですよ。

のちに薩摩から京都に出てきたときも、兵隊の数とか兵器とか食糧とか、いろいろなことを非常に綿密に、しかも正確に藩に報告しとるんです。だから、そういう一面が西郷にはあったんです。あったんだけれども、やっぱり徳のほうがすぐれていた。明治になってから西郷さんは侯爵を与えられます。収入が月収で数百円あったそうです。だけども自分の生活は毎月十五円で済ませておったという。

こういう人はよくありますね。乃木大将なんかもそうです。あの人も華族に列せられて陸軍大将でもあるし相当な収入があった。しかし家にはほとんど入れなかった。それで夫婦喧嘩が絶えなかったそうです。乃木大将の伝記を見ると、よく喧嘩をしています。奥さんはしょっちゅう家を出ている。けれども、明治天皇の崩御に際して乃木大将が腹を切って殉死をされると、奥さんもそれに継いで泰然としてあとを追うたんだそうです。夫婦揃って逝ったんです。

大石内蔵助《くらのすけ》なんかもそうですね。のほほんとしてお茶屋遊びをしたように見えるけれど、あの人が亡くなったときには、何にいくら使ってどうした、ということをちゃんと書き残している。けれども、大石内蔵助がそんなに経理に詳しかったと誰もいいません。西郷さんが算盤が上手だったということは、あまり評判にしない。

勝海舟という人もすごい人です。ご承知のように、江戸百万の民を戦火から救った。まことにそういう面からいえば徳の高い人です。だけども、どっちかというと才走ったところが出る。

明治になってから、政府が功労者に対してのいわゆる論功行賞《ろんこうこうしょう》として、すぐれた働きをした人に公侯伯子男の爵位を贈ったんです。勝海舟には子爵が贈られた。ところが海舟はちょっと不満だったんでしょうね。その受書《うけしょ》に「我もまた人並みなりと思いしに五尺に足らぬ四尺なるかな」と、こういう歌を書いたそうです。ありがたく受けますけどといいつつも、和歌をつけた。そうしたら当局のほうは、あ、これは不満なんだなと察知して、それで子爵から格上げして伯爵にした。

こういうところが勝海舟の正直さというか、才走ったところがあるんでしょうね。

西郷さんという人はその点、また違うタイプの人です。島に流されてもう最後、今度は帰れないだろうとあきらめかけた。ところが、どうしても薩摩藩の若い人たちを治めていくのは西郷さんしかいないというので、迎えの船がくる。西郷さんは非常に喜んだらしい。そのときに、藩侯からの使いだからと服装を正さなくてはいかん、袴もつけなくてはいかんと思って探したが、どこへいったかわからん。あちこち探したが見当たらない。近くにいた老人が「何してますのや」と尋ねたところ、「袴を探しておるのだ」と、自分の手に袴を持ちながら探しておった。「あんた、持っとるやないか」といわれたとか。

そういうこともあって、島にやってきた使者といろいろ話をしているうちに、「私と一緒に流された村田新八はどうしているか」と聞いた。使者が「いや、村田のことは聞いていない。あなただけを迎えてくるようにといわれた」というと、西郷さんは一転して「村田を一緒に連れて帰らん以上は俺も帰らん」と、頑として聞き入れなかった。それには使いにきた者も困った。連れて帰らなければ自分の任務は果たせん。とうとうその使いが折れて「一緒に連れて帰ります」という。それで西郷さんもようやく承認した。だから、村田新八は西郷さんと一緒に帰るんですよ。

ところが西郷さんは村田新八に一言もそのことをいわなかったらしい。他の人からそういうことがあったと村田新八は聞いて、本当に感動して、西郷さんのためにはいつでも命を捨てると覚悟をもったようです。しかし西郷さんは、優秀な村田新八の将来を思ってヨーロッパへ留学させる。そして留学から帰ってきて、これから新政府の要職につけようと思っていたが、西南戦争が起こる。そうしたら彼は将来を捨てて西郷の軍に参加するんですね。そして結局、西郷とともに死んでいくんです。こういうのはやっぱり西郷さんの徳というんでしょうね。

だから、鹿児島はやっぱり西郷さんですな。大久保利通《としみち》も偉かった。東郷元帥も偉かったし、大山元帥も偉かった。多士済々《さいさい》であるけれども、他の人々は西郷さんと比べられると影が薄いという声がある。西郷さんは今でも慕われておる。やっぱり徳というものでしょうね。

君子は器ではない

孔子の時代には、もうある程度教育機関というものが整っておりました。偉いものですね。今から二千五百年も前に現代の小学校に相当するもの、大学に相当するものがあったんです。小学から大学へと進んでいくわけですが、生徒はだいたい貴族あるいは高級役人の子弟なんです。そこは将来、人の上に立つ者として大切な人間学と時務学を授《さず》ける場所であったんですね。

あの時分は世襲が多かった。世襲ですから、うっかりするとそのあとへ続く人は大した勉強をしなくとも心配ないというので、学校に行っても本当に勉強した人がどれだけおったかわからんのです。

そういうときに孔子は塾を開いたといいますか、私立学校をつくったわけです。誰でも志のある者はこれを教える。その教える内容はいわゆる公立の学校と同じような内容のものだった。だから随分、孔子のところにはやってきました。孔子が立派なものですからね。孔子のもとで勉強をして、やがて役人に取りたてられて出世をしていくというケースが相当あったようです。

そこで孔子の教えた学科が人間学と時務学です。人間学というのは徳性を大いに育てていく。そして社会的には道徳とか習慣とかいうものを身につけていくための学問です。それに対して時務学は、役人として大切な知識、技術である礼・楽・射・御・書・数といった、どちらかというと働きのほうを教えた。こうした学というものと芸というもの、即ち学芸を教えたのです。

孔子の門弟は三千といわれるが、その中で六芸に通ずる者が七十二人。どこへもっていっても役に立つ、どんな地位についても役に立つ能力者が七十二人あったということが『史記』という書物の中にも書いてあります。だから孔子という人は決して才を無視した人ではありません。

普通、君子というのは学徳のすぐれた立派な人物をいいますが、また、そういう人物になろうと志している人をも君子という。できあがった人ばかりじゃない。そうなろうと努力している人も君子と呼んでいるのです。そして、立派になった人物はそのまま見過ごされることなしに世の中に用いられて高い地位にも就くから、高い地位の人のことも君子というています。

だから、ときには殿さんのことを君子と呼んでおる場合があるんですね。そういう高い地位にある者を君子といった。『論語』を読むと君子がたくさん出てきます。そのときは、これはどっちの君子かな、上位者であるところの君子か、立派な人物というところの君子か、あるいは努力しているほうを指したのかと、こちらで判断して読めばいいのです。

子、子賤《しせん》を謂《い》う。君子なるかな、若《かくのごと》き人。魯《ろ》に君子者《しゃ》なくんば、斯《こ》れいずくにか斯を取らん。【公冶長第五】

先師が子賤についていわれた。「この人が本当の君子だ。魯のどこかに成徳の立派な人物がいなければ、どうしてこのような立派な人物になり得たであろうか」

子賤は、姓は宓《ふく》、名は不斉《ふせい》、字《あざな》を子賤といいます。孔子よりも四十九歳若いという説と三十歳若いという説がありますが、私は三十歳が適当ではないかと思いますね。いずれにしろこの子賤という人が本当の君子だといっています。

やはり孔子の弟子の中には相当できた人物もいたのでしょう。孔子の門に入らないといい就職口もなかったのかもわかりませんが、就職のために来るのがたくさんいた。それが大部分だったといってもいいぐらいでした。孔子の教えを受けることによって一つの資格的なものが与えられて、あちらこちらに推薦されたということでありますから、この子賤もどこか田舎のほうから出てきたんでしょうね。

ところが来て見てみると、これは立派な人物だ、と。「私が教えるまでもない。恐らくこういう立派な人物をつくるというのは、どこかにすぐれた先生がいて、彼を育てたのであろう」といって、えらく感心しとるんです。孔子は弟子にこういうことをずっといえるんですね。

これを聞いた子貢は、孔子が子賤を褒《ほ》めたものですから自分も、と思ったのでしょう。子貢は先にも申しましたように非常に有能で評判が高くて、それをまた自分でも鼻にかけているところがあった。どこへ行ってももてる。外交官としても政治家としてもね。特に金儲けは特別うまかったので、貧乏な弟子たちの中では幅が利いた。

その子貢がこういうわけです。

子貢問うて曰《い》わく、賜《し》や如何《いかん》。子曰《のたま》わく、汝《なんじ》は器《き》なり。曰わく何の器ぞや。曰《のたま》わく瑚璉《これん》なり。【公治長第五】

子貢が尋ねた。「私はどんな人物でしょうか」。先師が答えられた。「おまえは器である」。子貢は不満そうに尋ねた。「それではどういう器でしょうか」。先師が答えられた。「祭に用いる大切な器だね」

賜というのは子貢の名ですね。孔子は子貢を君子とはいわず、器扱いにした。おまえは才能はすぐれておるけれども、才走って人間的にはまだ十分にできてないな。だから役人になったら高級官僚ぐらいにはなれる。それはそれで非常に大切なものだけれど、大臣とか最上の地位に就くのにはちょっとまだもの足らんな、ということを暗示してるわけです。

そのことをはっきりいっているのが、為政篇にある一章です。

子曰わく、君子は器《うつわ》ならず。【為政第二】

先師がいわれた。君子というものは器ではない。

たった一行ですが、しかし内容は深い。君子というものは器ではない。器というものはある特定の働きをもっているものをいう。器具なんていうのは、それぞれの働きをもっている。飯を食うには茶碗があり、茶を飲むのには湯呑みがあるなど、皆それぞれの働きをもっておる。それは非常に大事なものではあるけれども、その働きは限定されている。

君子というのはそういう限定されたものではなくて、その器を器たらしめる根本の働きを為すものなのだということです。だから君子の働きによって、その器はその用をよく発揮するわけです。

そういうものでありまして「君子は器ならず」。どんなに最新の機械でも、使い道はみな限定されているものですからね。それは人間によって使われるものであります。

徳ある者には地位を、功ある者には賞を

私の非常に尊敬しておった先輩に、住友生命の新井正明という人がいました。ノモンハン事変で片脚を失った人でした。この人が住友生命の社長になってだいぶしてから社長室

を訪ねたところが、トロフィーが置かれているんです。珍しいトロフィーでしたから、これどうしたんですかと聞いたら、新井さんは「私は初めてトロフィーをもらった」といいました。「私は脚が悪いからスポーツはゴルフもできん。麻雀もやらんから、トロフィーなんていまだかつてもらったことない。今度はじめてもらいました」といわれた。

では、なぜもらったか。それは日本にコンピューターがはじめて伝わってきた頃です。お若い皆さんははじめの時分のコンピューターをご存知ないかもしれませんが、大阪では住友銀行が一番早く入れました。びっくりするくらい大きなものでした。それで、大阪の大企業の社長さんが揃ってその研修に行った。だいぶ長い研修をやったそうです。その最後に研修の効果を調べる試験があった。それに優勝しましたんや、とこういわれた。

なんで優勝したかと聞くとね、コンピューターの誤りを発見する競争やった、と。コンピューターというのは人間が入れたものですからな、間違うて入れたら間違うて出てきよる。その間違いをパッと発見する。これがトップの大事な仕事だ、と。計算をしてみなければわからんようだとトップとしては失格だというんです。

この仕事は果たしてうまくいくのか、いかんのか。やる前にわからねばならない。やってからわかったのでは遅い。プラスになるかマイナスになるか、そいつをパッととらえることができる人がトップである。コンピューターに左右されるようなトップではまことに頼りない。

こういうておりましたが、ああ、さようやな、やっぱりコンピューターの間違いを発見することができる人にしてはじめて社長たるにふさわしい仕事ができるんやなあ、というふうに感じさせられたことがあります。

さて、『大学』の一番最後にこうあります。

国家に長として財用《ざいよう》を務《つと》むる者は、必ず小人《しようじん》に自《よ》る。彼はこれを善しと為して、小人をして国家を為《おさ》めしむれば、災害《さいがい》並び至る。善者ありといえども、亦これを如何《いかん》ともするなし。これを国は利を以って利と為さず、義を以って利と為すと謂《い》うなり。

国家の長として財用を務める者は必ず小人によって事務を処理する。

小人とは先ほど申したように徳よりも才能のすぐれた人を指します。しかし、それがよくできるからといって、これを高い地位に就けて国家を治めさせると災害が並び至る。災というのは天災、害というのは人害ですから、天災人害が並び至る。その下に立派な人物がいても、これをどうすることもできない。

「これを国は利を以って利と為さず、義を以って利と為すと謂うなり」。最初の利というのは目先の利、あとの利は人間の道を踏み行ってそこから出てくる本当の利ということです。こういうことをトップは心得ておく必要がある。財務省には計算が得意で優秀な人材がいる。しかし、そういう人を計算が得意だからといって国政の重要なところに置いてはならんということです。

西郷南洲は「徳ある者には地位を与える。功ある者には賞を与える」といっております。これは人を使ううえにおいても非常に重要なことであろうと思います。あいつは金儲けがうまいからといって高い地位を与えると、災害並び至るということもなきにしもあらずであるということですな。

今朝の松下さんの『一日一語』のホームページを見ると、「精神大国を目指して」とありました。

「今日、わが国は経済大国と言われるまでになりましたが、人々の心の面、精神面を高めるということについては、とかくなおざりにしがちだったように思います。これからは経済面の充実とあわせて、お互い国民の道義道徳心、良識を高め、明るく生き生き日々の仕事に励みつつ、自他ともに生かしあう共同生活をつくりあげていく。あわせて日本だけでなく海外の人びとと、ひいては人類相互のための奉仕、貢献ができる豊かな精神に根ざして国家国民の姿を築きあげていく。そのような精神大国、道徳大国とでも呼べる方向をめざして進むことが、今日、国内的にも対外的にも、きわめて肝要ではないかと思うのです」

こういうことをいっておられる。ここからも、常に天下国家のことを思いながらやっておられたということがよくわかります。

私は松下さんのお通夜に行きましてね。確かあれは創立七十周年やなかったかと思いますけれどもね。私は山で研修をしていましたが、その日に松下幸之助さんが亡くなったという報道がありました。それで夜、急いで大阪の北御堂にちょっと遅れて行きましたら、あの広い北御堂を取り囲むような人の群です。これはいつになったら自分の番が来るかと思って並んでいた。

私のすぐ後ろに若い可愛いらしい娘さんがおりましたので、「あなたは松下さんの社員ですか」と聞いたら、「いや、私は違います。私は松下さんのファンです」とこういったんです。小説家でもない彼、俳優でもない彼、それをファンだという。

私も大阪ではトップの方々の葬式には随分行きます。こんな立派な車がたくさんあるのかと思うぐらいに高級車がダァーッと並びよる。そこへ来ている女性は年増《としま》の女性が多い。それは大概女将《おかみ》だ。それが普通でしたから、松下さんのお通夜にこういう若い娘さんが来ておるというのは驚きでした。ああ、この人は単なる実業家ではない。一般の人々からも、ここまで慕われておるというか尊敬されとるというか、改めて松下さんの偉大さを感じさせられました。

金も大切だ、しかしそれ以上に大切な何かがあるということを、松下さんの人生は我々に教えてくれているのではないかと思います。

【第九講】

道理のままに生きる

――死生命あり、富貴天にあり

今回の講題は「死生命あり、富貴天にあり」です。この講題をもとにして、皆さんとともに考えていきたいと思います。

先に少しお話を申し上げたと思います。この頃、中国では孔子熱が非常に盛んになっております。今から三十年前に比べると、まさに隔世の感です。世界で最も悪い人間は孔子だと批判されていましたのが、三十年も経たないうちに、民族の生んだ偉大なる思想家であり、世界に誇るべき教育者であるという風に、今や孔子熱がだんだん沸騰しておるんです。

論語碑苑と六芸城という二つの施設があるんですが、一方は人間学、一方は時務学ということで、その立派な殿堂ができておる。その論語碑苑に『論語』の一章をそれぞれの人に書いてもらって、それを庭園の中に建てておる。日本人にも書いてもらおうというので、二人に要請をされたそうですが、どうしたことか、私もその一人に加えられました。私に要望してきたのが「斉の景公、政を孔子に問う」という一章でございました。まことに拙《つたな》い文字ですけども書いて送りました。それが碑《いしぶみ》になっているそうであります。

碑の拓本は送ってもらいましたが、実物はまだ見ておりません。来年（平成十七年）の五月には参ることに内定しておりますので、そのときに、日中合同で除幕式をやろうということになっておるようであります。そういうふうに孔子の見方も変わってきております。

最近の新聞を見ると、中国は排日運動というか、抗日運動というか、日本を目の仇《かたき》にしてやってますな。あそこまでやらんでもええと思うんですけど、共産党政権を維持するうえにおいて、かつての孔子に代わって、今は日本をあれだけ叩かんと党がもたんのですな。政権維持のためにあえてやっとるんだろうと思います。だから、それに日本人はあんまり乗せられてはならない。冷静に対応することが必要です。やがて何年か経たんうちに、またがらっと変わるときがないとも限りません。

まあ、そういうことで、政権維持のためには、なんでも利用するというのが共産党のやり方といってもいい。ですから、我々は対抗的ではなく自らの信ずるところに向かってしずしずと歩んで行くことが大切ではなかろうかと、最近、特に思うわけです。

人間が自由にできないもの

司馬牛《しばぎゅう》、憂《うれ》えて曰《い》わく、人皆兄弟有《あ》り、我独り亡《な》し。子夏《しかい》曰《い》わく、商之《しょうこれ》を聞く、死生命《しせいめい》有り、富貴《ふうき》天に在り。君子は敬《つつし》みて失うこと無く、人と與《まじわ》るに恭《うやうや》しくして禮有らば、四《し》海《かい》の内、皆兄弟なり。君子何ぞ兄弟無きを患《うれ》えんや。【顔淵第十二】

司馬牛が浮かぬ顔をして子夏に尋ねた。「人々には兄弟があるのに私だけにない」。子夏が答えた。「私は『死生や富貴はすべて天命だ』と聞いている。君子は身を敬んで、人の道に違うことなく、人と交るのにうやうやしく礼に適うようにすれば、世界中の人は皆兄弟である。君子は、どうして兄弟がないと気に病むことがあろうか」

司馬牛と子夏はあまり年は変わりません。子夏が「聞いている」というのは、孔子から聞いているという意味です。「死生命あり、富貴天にあり」というのは孔子の言葉です。

この司馬牛という人には桓魋《かんたい》という兄がおるんですね。この桓魋は孔子に反発するところがあって、孔子を殺そうと目論《もくろ》んだ人でもあります。そういうように異常なところのある人でしたので、兄弟でもちょっとはばかるところがあったんですね。それで司馬牛は世間に対しても肩身の狭い思いをしておったので、「私は兄弟がないというのと同じようなものだ」といった。それに対して子夏が、「いやいや、そういっても、こういうふうにすれば世界の人は皆兄弟だ。そうあまり気に病む必要はないのじゃないか」といっておるのであります。

その中に「死生命あり、富貴天にあり」という言葉がある。これは二つに分けてありますけれども、逆にしてもよろしい。「死生天にあり、富貴命あり」といってもいいし、二つに合わせて「死生」とか「富貴」とかいうのは「これは天命だ」としてもいい。「天命」ということは、人間が自由に左右できないものだということです。「死生」もまたそうですな。

ちょっと先進篇の一章を読んでみましょう。

季路《きろ》、鬼神《きしん》に事《つか》えん事を問う。子曰《のたま》わく、未だ人に事《つか》うること能《あた》わず、焉《いずく》んぞ能く鬼《き》に事えん。敢《あ》えて死を問う。曰《のたま》わく、未だ生を知らず、焉んぞ死を知らん。【先進第十一】

季路が神様につかえる道を尋ねた。先師が答えられた。「まだ人につかえることも十分できないのに、どうして神様につかえることができようか」。季路はさらに死について尋ねた。先師が答えられた。「まだ自分が、この世に生まれ、生きていることもわからないのに、どうして死がなんであるかがわかろうか」

こういうております。

孔子という人は抜きん出た人ですが、教育者ですからね。だから、形而上学的な先の事を聞かれてもわからんと。それよりも現実の世界、今をしっかりしゃんとして生きなさい、それが大事だ。死ぬことまで考える必要はないのだ、というところですね。

この季路は、本の字《あざな》は子路《しろ》というんです。中国では、この時分すでに、兄弟のうちの長男を伯《はく》、次男を仲《ちゅう》、三男を叔《しゅく》、末弟を季《き》に分けています。でありますから、伯兄《はくけい》とか仲兄《ちゅうけい》とかいう言葉があります。

現代の我々がおじさんという場合には、叔父を使うことが多いですけれども、厳密にいうと、自分の父を中心にして、父より上の方が「仲父《ちゅうふ》」と書いて「おじさん」と読むんですね。それから「伯父《はくふ》」と書いて、これも「おじさん」です。それでは「叔父《しゆくふ》」と書いてなんで「おじ」と読むか。これは日本読みですわ。厳密にいうと、こういうことになるわけですね。

そしてね、「叔」で一番下だと思っていたのに、また次が生まれたりするでしょう。それで一番末の子供、それも五十を過ぎてから生まれた場合には「季」を使う。これは「末」という意味。だから「季」というのは、「一番末の」という意味ですね。

字は「子路」。それが「季路」と呼ばれるようになったのは、この「子路」が父の五十を過ぎてからの一番末の子だからです。

この「末」ですけども、よくあります。ようけ子供が生まれて、もうこの辺で終わりだと「末子」とつけたら、また生まれたというのがある。男でもそうです。「末男」とか「末吉」とかね。もうこの辺で止めとこうという名前です。

季路はあとに弟がおったのかどうか、それは知りませんが、字では「子路」という。それが「季路」と変わっておるのは、五十を過ぎてからの末っ子だ、ということをちょっと知っておいていただきたいと思います。

ここに、「死生命あり」といっておりますが、「死」というものは、わかったようでわからんものですね。我々は生まれてから、いつまで生きるという手形をもらっとるわけではない。今日あって明日は分からない。明日どころじゃない、一寸先はまさに闇だというのが人生です。

私もいつの間にやら八十九になりました。「どうしてそんなに生きてこられたんですか」と聞かれるのですが、「いや、わからんままに生きてきた」と、そう答えるより仕方がないんですな。特に最近はそう思いますね。

私よりも元気だと思っとった同窓生が、今年二人亡くなりました。それからだいぶ死亡の通知を受けましたが、私よりも年齢が低いのが多いんです。七十とか六十とか、この間、六十二で亡くなったという人もありましたね。この次は私の番かなと思いますが、これだけはお迎えがこなかったら逝くわけにもいかん(笑)。

私も七十の中頃にだいぶ大病をしましてね、六十日ほど入院したことがあります。そのときは、朝起きてみたら息しとる。「ああ、生きとったなあ」と、本当に実感としてそう思いました。寝ておる間も生きているわけで、そのまま目が覚めずにすーっと逝ったら、これが死というものでしょうな。

ちょうど昼と夜のような関係で、人生は昼だけではありません、夜もまた人生の一つです。

この病気療養のために極秘に入院しておりましたとき、夢にお迎えが来たこともありました。恩師の安岡先生を中心とした集まりがある。「おまえも来るように」という案内が届きまして行きましたら、そこに、あるお婆さんが受付におりましてね。この方は今の平沼赳夫代議士のお父さんの平沼騏一郎さん。あの方は戦犯になっていましたが、その最後を見届けた婦人でした。はなはだ女傑でして、私も非常に大事にしてもらった。その人が受付におるんです。

それで「なんでおまえ、早く来んのか」という。「いや、ちょっと途中いろいろありまして遅れた」と返事をすると、「先生がお待ちかねや」と。そして「あんたのために先生の横に席をつくっておいたけれど、来るのが遅いものだから、そこへ高碕達之助さんに座ってもろた」という。高碕達之助というのは東洋製罐の社長をしておって、のちに政治家になり、大臣にもなった人です。「その人が来たもんだから、そこへ座ってもろた。おまえさんの席をこれから探すから、ちょっと待っとけ」といって、そのお婆さんが中へ入って行った途端に私は目が覚めた（笑）。

それからはお迎えが来ない。お迎えが来たらさっさと行こうと思うとるんだけど、やっぱり向こうにも準備があるだろう。だからこっちが押しかけて行くわけにもいかんから、まあお迎えが来るまではおろうと、こういうふうに思っています。

私の尊敬していた川村治助という先生が「人間、いつ生まれたか知らないが、死ぬ行く先は尚知らぬ。知ったか振りはよしたまえ。一寸先は闇の世さ、病みつくまではいつもまめ。まめに生きてるその内に、力の限り働けや。働くお陰で生きている、生きてるお陰で働ける」という、なんやわからんようなことをいっています（笑）。

しかしこれはわからんのが、実は人生でしょう。わからんなりに我々は生きてきとるんです。希望ももってるしね。けれどもその希望が果たして達成されるかわからん。わからんけれども、生きとるうちはいつもまめに働く。これが「未だ生を知らず、焉んぞ死を知らん」ということとも相通ずることであろうと思います。

「死生命あり」を実感する

まあ、そんなところで、私なども考えてみると、幾度かそういう死生の間を往来《おうらい》いたしました。小さい時分から随分高いところから落ちて、普通だったら死ぬところだったとか。二十五歳のときには結核になりました。医者からは絶対安静を命じられとった。昔は結核といったら死病でしたからね。しかも若い者が結核になりますと、その進行が非常に早い。「私もこれで最後かな」というふうに思いました。

そのときにどうしても私でなければならないあることがあった。それで、これだけはどうしても自分でやり遂げて死のうと覚悟を決めました。どうせ死ぬのなら高い薬は飲まんほうがいいだろうと。それですっぱり止めた。それから一所懸命そのことをやりました。

やっとそのことが完成したときに、不思議に熱もなくなり、咳《せき》も出なくなる。それで、今の阪大の先生のところに行って診察をしてもらったら「もう治ってる」というんです。それで医者がびっくりして「どうして治しました?」と聞くから「先生の薬を止めてから治りました」といったら、この医者は面白い人でね。「まま、そういうことがある」と一笑されました。

私が尊敬した禅の坊さんで山田無文という方がおられた。妙心寺の管長もやられた方です。この老師は早稲田中学から東洋大学に進んで、大学に行っている時分に結核になりました。然しそれが機縁になって仏門に入ることになるんです。

また、私と非常に親しかった人で、常岡一郎という方がおられた。慶應大学に行っているときに三十六回喀血《かっけつ》をしてね、「もう駄目だろう」といわれた。ところが、あることに目覚めましてね、それから治っちゃった。それで『中心社』という修養団体を起こします。のちに参議院にも出ました。参議院議員になってから、あることで会いまして、一見して気が合いましてね。「飲もうか」ということになりまして、大阪の南と北を何回か往復したことがあります。

この先生ね、片肺はもう駄目やというてましたけど、それでもよう生きられて大きな働きをされました。

まあ、そんなことがあって、私もお陰で、どういう理由か今でもわかりませんけれども、結核が治りました。今でも健康診断をしますと「あっ、やりましたねえ」といわれる。やっぱり跡が残ってるんですね。

それから軍隊に行きまして、暫《しばら》くして重い脚気《かつけ》になりました。終戦の日に、もう病気してる間もない、軍医のところへ行って「全快としてもらいたい」と頼んで、それからいつの間にか治りました。


私は、ちょうど数え年三十の時に召集を受けたわけですが、軍隊に入ってある部隊に配属されました。私は陸軍伍長でありまして将校でもありません。

そうしましたところが、どうしたことか、「連隊本部に出るように」という内交渉がありました。けれども私は銃剣術がまだできないから、部隊に残ってしっかり銃剣術を修得したいと思ったからね。暫くこのままにしておいて貰いたい、といって断わりました。

ところが、連隊命令が出た。連隊命令というのは断わるわけにはいかん。それで私は連隊本部に行った。それから、ほんの間なしに艦載機の襲来を受けまして、私の属しておった部隊の二百名が全滅したんです。夜寝ているうちに襲われたものですからね。

私はそこへおりたいと思ったんやけれど、命令によってやむを得ず連隊本部に行った。それで私だけが助かった。同じ戦争の中でもこういうことがあるんですな。

これは広島の原爆のときなんかでも、そういうことがよくありますねえ。ちょっとした陰があったために助かったとかね。そう考えてみたら、本当に日々よう生きてるものだと思う。

私は長い間山に居ったから、娑婆《しゃば》のことは知らないんだけども、降りてきて見たら、自動車の多いこと。あれちょっとブレーキを踏み損なってこっちのほうへ来たらお陀仏《だぶつ》や。よう生きて帰るもんやと思います。

それから私は何回か手術もしました。全身麻酔で手術をしたのが三回ほどありました。全身麻酔というのも不安なものやね。麻酔されてそれで目が覚めなんだら、それで終わりです。だから、第一回目の手術のときはだいぶ不安だった。二度三度になるとちょっと肚が据わってきた。

まあ、そういうことをしながら生きてきて、四十八歳のときに、癌《がん》の宣告を受けました。噴門のところに癌ができた。ところが、そこで幸いに私は蓮見喜一郎という方の治療を受けた。蓮見喜一郎先生は、癌はそれまで刺激説というのが一般だったんだけども、ウィルス説を唱えた人なんです。

日本にはじめて電子顕微鏡を入れた人です。東大と、個人ではこの人が入れた。それで研究しとる間に「癌はウィルスによるものだ」と確信した。それでワクチンを作ってね、これが多くの人を救った。幸いにして、その先生に直接診断を受けた。そして五日にいっぺんずつ注射を打つ。普通の生活をしながらということです。

ところが、どこの医者に行ってもその注射をしてくれないんですね。というのは、日本の医学会が彼のワクチンを承認しなかったわけだ。一つはこの人は田舎の大学を卒業したからです。いわゆる日本の医学会の本流からは離れている。こういう世界的なワクチンを一田舎大学の卒業生に取られては、という、なんか面子《メンツ》の問題もあったか、妨害をした。

でも、私の恩師の安岡先生は、この人を非常に高く評価しておられました。

しかし、どうしても一般の医者は注射してくれん。ところが一人注射をしてくれる医者がおったんです。これは変人というかね。夫婦で医者をしとる。奥さんがよく働く人で、往診もする。一方でご主人は、いつも寝とるんです。なんで寝とるかというと「わしは医者は好かんのや」(笑)。もともと歴史学をやりたいと思っていたけれども、家が医者なものだからやむを得ず医者になったんだと。

この先生と、よう話が合うんですね。私が行くと喜ぶ。それで行ったら、先生は、「僕もね、随分末期症状の癌の患者を診てきた。どうにも手のほどこしようがない。医者としても耐えられない気持ちになるけれども、どうにもしょうがない。しかし、そのワクチンでも効くんやったら喜んでやりまっせ」といって注射してくれた。他に栄養注射もあわせてやってくれた。


私が行くとね、その時分は女中というてましたが、お手伝いさんが私のことを先生というて「伊與田先生がみえました」といったら、やおら起きてきよる。それからついでに他の患者も診とるんです。

こんな先生ですが、話が歴史の問題になったら、時間忘れて話しとるんです。ほんで結局、治療費は要らん、薬代も要らんと、いつもタダ。この注射を五十本やった。そしたら一応治ったことになりました。

ところが五十四のときに再発したというもんだから、「今度はいかんかなあ」と思ったけれども、その注射を二十五本やりました。それで治ったのか治らんのかわからんままに、それから三十四、五年、再発しないできている。今度起こったら駄目かもわからんけど、今はこうして元気にしてます。

その後も七十の中頃に、非常に血圧が不安定になりましてね。医者はびっくりしとった。「あんたのようにピューッとこんだけ上がったら卒中《そっちゅう》で逝くはずやのに、なんの後遺症もない」という、然《しか》し原因がわからん。

結局、血圧が高いから内科のほうへ回されまして、病原を発見するために体全体を次から次に検査された。けれど、あんまり引っ張られとると、こっちが病気になってしまいそうになった（笑）。

はじめの病院はどうもおかしいからと、次の病院へ移った。行ったら「いや、これ大したことありまへんわ」といって、今度は薬もあんまりくれんようになった。そのうちに血圧も安定してきて、「もう出たらよかろう」といわれて、病名不明のままに出てきて、それからもう十何年。今度は病気から縁切られたように病気もせずにおるんです。

こう考えてみると、人間というのは病気が必ずしも命と直結するものではないと感ずるようになりましたね。しかし、決して病気をおろそかにしてはならん。やっぱり修理のきく間は修理しておかないかん。放ったらかしたらいかん。

しかも、これは人間の縁というものでしょうかね、そういう大事なときにいい医者にぶつかるということも一つの人間の縁だと思いますよ。

日本には随分名医もおりましょうけれども、いいときにいい人とぶつかる。だから、まさに「死生命《しせいめい》あり」ということをしみじみと感じさせられます。

こんなことを思い出していくと、人間は不思議だと思うことが多のです。

自ら死を考えるのは神への冒瀆である

皆さんもご存知のマハトマ・ガンジー。インドを無血にして独立に導いた人です。ガンジーの伝記をお読みになったことはありますか。ない方はいっぺん読んでみるといい。私はこれを貪《むさぼ》り読んで、ガンジーを本当に心から尊敬するようになりました。

いつだったか、もう大分前になりますけれども、ガンジーの映画ができて、非常に皆さんに観られておるということで私も観に行きました。随分たくさんの人がきておりました。

私も感動して、熱が出て二日ほど寝込んだことがある。

ガンジーという人はインドの貴族の家に生まれた人です。そして若くしてイギリスに留学をして、弁護士の資格をとって帰ってくるんですね。

ところが、非常に内気な人だったようです。法廷に行っても、顔が真っ赤になってしまって弁論がうまくできない。それで全く流行《はや》らなかった。

そこでガンジーは、南アフリカに篤志《とくし》の弁護士として行くんです。行って、はじめて車に乗る。そうするとインド人が非常に差別待遇を受けている。バスに乗っても、一等の切符を持っているのにそこに座らせてくれんとかね。

彼自身もそういう扱いを受けたので、「これはなんとしてもインド人の解放運動をやらなければいかん」と彼は思うようになった。

それで解放運動をはじめるんです。はじめるに当たっては、みんなの前で演説をしなければならない。ところが今までに演説をしたことがないし、内気な人ですから自信もない。然し、やってみると不思議なことに、自分でも驚くような話ができた。そこから彼は人前で話をする自信が生まれてくるわけです。

それで一応任期が終わってインドへ帰ってくる。そして今度はイギリスからの独立運動に身を投ずることになるんですな。

ガンジーは牢屋にもたびたびつながれる経験をしています。そういう運動をしているのですから、いつ命を落とすかもわからん。もうそのときは妻子もあります。だから、周りの人が、「あんたが亡くなったら、たちまち妻子は路頭に迷うことになる。そうならないためには後のことを考えとかないといかん。そのためには生命保険に入ることだ」とすすめられた。それで彼は多額の生命保険に入るんです。

ところが、一年ほどして、ちょっと迷いだした。なぜかというと、「自分が家族よりも先に死ぬなんてことは何も決まっているわけではない。先に死ぬなんてことを決めるのは、神の意志を冒瀆《ぼうとく》することになる。だから、もう生命保険はやめる」といって、全部解約するんです。

しかし、それでは妻子が困るから、妻子のために「無限の富を残さないといけない」というんです。「無限の富」とはなんぞやというと、妻子が自ら働くことだというわけです。それなら無限だ。生命保険をもらっても、これは有限である。やがてはなくなってしまう。

いつまでもなくならないものは、それはその者が働いて得るということ。

奥さんは、これも貴族の家に生まれた人で、それまで労働したことがない。けれども夫の言葉にしたがって、糸を紡《つむ》ぐ工場を興すんです。それで自ら糸を紡ぐ。大きな紡績工場のある中での糸繰りなんて時代錯誤のようですけれども、それをする。それで、自らの生活は自らがやる。娘さんやら子供も、これを応援する。ガンジーも暇なときには来て協力をするということでやった。

彼はそれだけの社会運動、政治運動を展開しながら、経済的な面においてスキャンダルはなかったんです。

現代、日本でも政治家というのはやっぱり金がいる。何も自分のためだけじゃない、世のためにも何かをするためにも金がいる。そしてその金を作るために、いろんなスキャンダルを起こしてきているのが現実ですね。ですが、ガンジーはそういうスキャンダルを一切起こさないで生涯を貫いたのであります。

インドの国旗には糸繰り機がある。これはガンジーが作った糸繰りが国旗になっておるんです。

す。

人間的な情理を大切にした孔子

孔子は死をどのようにとらえておったでしょうか。雍也篇にはこのような一章がありま

伯牛《はくぎゅう》、疾《しつ》有り。子、之《これ》を問う。窓より其の手を執《と》りて曰《のたま》わく、之を亡ぼせり、命《めい》なるかな。斯《こ》の人にして而《しか》も斯の疾《やまい》あるや、斯の人にして而も斯の疾あるや。【雍也第六】

伯牛が不治の病にかかった。先師が見舞いに行かれて、窓から手をとり、嘆いていわれた。「惜しい人が亡くなる。天命かなあ、それにしてもこのような徳の高い立派な人物がこんな病にかかるとは。このような徳の高い立派な人物がこんな病にかかるとは」

伯牛の不治《ふじ》の病とはどうも現代でいうハンセン病であったようです。孔子は見舞いに行ったけれども、もう伯牛は体も崩れている。先生にわざわざ部屋までおいで願っては、と

いうことで遠慮をしたんでしょうね。そこで孔子は窓から伯牛の手をとっていったわけです。「惜しい人が亡くなる。天命かなあ、それにしてもこのような徳の高い立派な人物がこんな病にかかるとは。このような徳の高い立派な人物がこんな病にかかるとは」と二度も繰り返していっている。

この伯牛という人は、孔子の優れた弟子十哲の一人です。孔門の十哲の中で非常に徳行の高い人が四人挙げられておりますが、その一人です。そんな非常に徳の高い人がどうしてこんな不治の病にかかるのか。わしはこれはどうにもしてやれないが、これは天命かなあ、と嘆いておるんです。

同じく弟子の顔淵の死に際しても、孔子はひどく嘆いています。

顔淵《がんえん》死す。子曰《のたま》わく、噫《ああ》、天、予《われ》を喪《ほろぼ》せり。天、予を喪せり。【先進第十一】

顔淵死す。子、之を哭《こく》して慟《どう》す。従者《じゅうしゃ》曰《い》わく、子慟せり。曰《のたま》わく、慟すること有るか。夫《か》の人の為に慟するに非ずして誰《たれ》が為にかせん。【先進第十一】

顔淵というのは孔子の門下の中では最もすぐれた、学徳ともに高い弟子であります。孔子が晩年におよんで、「自分の道を継承してくれる者は顔淵である、それをおいて他にはない」と思って非常に期待をしておりました。その顔淵が、孔子が七十のときに、四十の若さで亡くなるのであります。そのときに孔子が発した言葉が「天、予を喪《ほろぼ》せり。天、予を喪せり」。顔淵を亡くすということは、私を亡くすることだと、天を怨《うら》むが如く嘆いておるんです。

その次もそうです。顔淵が亡くなった。「子、之を哭《こく》して慟《どう》す」と。

中国では、「哭する」というのは声をあげて泣くということです。これは葬式の一つの作法になっている。私も孔子さんの七十七代の長男が亡くなったときに葬式に参りました。はじめて中国式の葬式を見て参りました。そうしたら、一つの礼として、声を出して泣くというのを見ました。

ところが孔子は儀礼的なだけではなくて、「慟する」ですから、身もだえをして泣いた。これは余程親しい場合です。親が亡くなったとか、そういうときに、悲しみのあまり我を忘れて身もだえをしながら悲しむ。それを見ておった従者が「先生は身悶えして悲しまれましたね」というと、「ああ、そうか。わしはそこまで気がつかなかったが、そうだったか」と。しかし、「夫の人の為に慟するに非ずして誰が為にかせん」、あの顔淵のために慟することがなくて誰のために慟するんだといって、また非常に嘆いたということであります。

孔子自身は天ということを充分に認識をしておりまして、「死生命あり」ということはわかっておったと思います。けれども、弟子の死にあたって、それで納得するんじゃなしに、身悶えして泣いておるわけです。

ちょっと余談になるようだけども、ここに孔子があるんだね。単に「死生命あり」と澄ましている人もいるだろう。「諸行《しょぎょう》無常《むじょう》」というて、「生まれた者は必ず死ぬものだ。それは当たり前じゃないか」とツンと澄ましている人もあるかもわからん。ましてや、孔子は非常に悟りきった人というように思われている。ところが、その人が自分を忘れて慟した。ここに孔子があるんでしょうね。

常に冷ややかに道理だけを説く人ではないということです。

「真理」というのは一つの哲学的用語ですね。これを実践的な意味からいうと、もう一つ「道理」と読むんです。これもなお冷ややかなる響きがある。それに対して、その上に情がこもった「情理」というものがある。この「情理」というものが、人間的なものなんです。孔子にはこの「情理」があった。

二千五百年、七十七代も綿々として子孫が続いて、先祖の教えを奉じ、先祖の祭りを続けておるのは、世界の聖人といわれる人の中においては孔子の子孫だけなんです。これを「情」という。人間はやっぱり「道理」から「情理」になっていくというのが大切だ。

ちょっと話が逸れるようですけども、水というのは、H_2Oと普通によくいう。けれどもH_2Oは必ずしも飲料水には適さない。なんで適さないかというと、ミネラルが入っていないから。このミネラルというものが「情」にあたるものなんですね。ミネラルはいろいろ分析した結果、「何と何」ということはある程度わかってきましょうけれども、まだ分析外のものがたくさんあるわけです。自然の水にはそういうものが含まれておる。

そういうところに気がついて、最近は「天然水」というものがえらい値段をつけられて売られているんです。各社各様の水が売られておる。水道の水にも多少のミネラルはありましょうけどね。

現代、問題になって、なかなかどうにもならないでおるのが「教育基本法」というものです。教育基本法は、蒸留水だね。H_2Oだ。どこにでも通用するようだけれども、やっぱり日本には日本の教育理念というものがちゃんとあるべきであります。

要するに、歴史、伝統とか、特殊な文化というものが、それぞれの国にあるわけですからね。それを加味した「教育基本法」というものが大切でありましょう。

もっとも、人間が生きるうえにおいて、法律で規定するということは本末転倒です。我々が生活をしている根本理念を法律で決めるなんてことはね。これはあんまり透徹していないような人が寄ってたかって作ったものだ。そして投票で決められるようなものは本当の人間の生きる根本には触れていないかもわからん。大事なところが抜けとる。

これから教育基本法が改善されるといいますけれども、その前提があるはずだ。もっと日本の歴史というものをしっかりと知り、あるいは日本の独特の文化というものの教養をもって、教育基本法を作るならいいけれどもね。抽象的理論においてちょっと表現を変えたぐらいでは大した効力はない。うっかりすると、害毒を流すことにもなりかねんのであります。

やっぱり、この法律の上に「情」がうつらにゃいかん。「情」について、孔子はどういっているか。次の一章を読んでみましょう。

葉公《しょうこう》、孔子に語りて曰わく、吾が党《とう》に直躬《ちょくきゅう》なる者有り。その父、羊を攘《ぬす》みて、子之《これ》を証《しょう》す。孔子曰《のたま》わく、吾が党の直《なお》き者は是に異《こと》なり。父は子の為に隠し、子は父の為に隠す。直《なお》きこと其の中《うち》に在り。【子路第十三】

あるとき、葉公という人が孔子にいった。「私のところには非常に正直者がおります。父が羊を盗んだと訴え出て証人になりました」。孔子はいった。「私のほうの正直者は父は子の為に隠し、子は父の為に隠す。直きこと其の中に在り」

ここで孔子は「お互いに隠し合う中に、私のほうの正直があるんです」といっている。また話が横道に逸れるようだけども、最近「内部告発」ということが法律でも認められるとかいうて、推奨されるようになってきとるんです。これを孔子さんからいうと「わしのところは、社内でお互いに隠し合うというのが本当の正直です」と、こういうふうになるんじゃないかと思います。まあ、そのためには上の人も気をつけなければいけませんが。

内部告発というのは、中国で共産党政府ができた当時の密告制度、うっかりするとあれになりかねない。子供が親を告訴して、非常に正直な子供だとほめられる。告訴された親は三角帽をかぶされて、市内を引き回された。それでその子供は英雄だというふうに推奨する。これはどれだけ人情を壊したかわかりません。

だけれども、だんだん国が落ち着くにしたがって、あまり密告をやったら今度は自分が危なくなりますから、それで最近はあまりそれをいわんようになっている。

今、日本は、そりゃいろいろありましょう、しかし、どんなにきれいにしておってもバンバンバンとハタキで叩いたら埃《ほこり》が出るんですわ。「内部告発」のような風潮が蔓延して、日本国民がお互いに疑い合わなければならない世の中が出てきたときに、どういうことになるか慄然《りつぜん》とした思いになります。

富貴もまた決まったものではない

ここまで「死中命あり」について考えてきました。今度は「富貴天にあり」ということについて考えていこうと思います。

子曰《のたま》わく、疏食《そし》を飯《くら》い水を飲み、肱《ひじ》を曲《ま》げて之を枕とす。楽しみも亦其の中《うち》に在り。不義にして富み且《か》つ貴《たつと》きは、我に於て浮雲《ふうん》の如し。【述而第七】

先師がいわれた。「粗末な食べ物を食べ、冷水を飲み、肘を曲げて枕として寝るような貧乏生活の中にも楽しみはあるものだ。人間として道を踏み違えるような不義を行って財産や地位を得ても、自分においては、浮雲のようなものである」

こういうことをいっております。これは「富貴天にあり」を一面から見たものでありましょう。

子曰《のたま》わく、富《とみ》と貴《たつと》きとは、是れ人の欲する所なり。其の道を以て之を得ざれば、処《お》らざるなり。貧《まずしさ》と賤《いやしき》とは、是れ人の悪《にく》む所なり。其の道を以て之を得ざれば、去らざるなり。君子は仁を去りて悪《いず》くにか名を成さん。君子は食《しょく》を終るの間《あいだ》も、仁に違《たが》うこと無く、造次《ぞうじ》にも必ず是《ここ》に於《お》てし、顚沛《てんぱい》にも必ず是に於てす。【里仁第四】

少々長いので、少しずつ読んでいきましょう。

「人間というものは、一般に裕福になり高い地位に登りたいと願うものである。しかし、正しい人の道によってそれを得なければ、それには満足しておらない」

この「富」というのは財産であります。「貴」というのは地位であります。

また一方、

「貧困にはなりたくなく、低い地位におりたくないというのも、これまた一般である。しかし、正しい人の道によることがなければ、貧困から逃れようとしてあせらない。君子は仁の道から離れて、どこで有徳の立派な人物だと称えられようか」

「仁」というのは、人間としての一番最高の道でもあるわけですけれども、それは即、天の働きであります。それを人間という立場からすれば「仁」といっているのです。

「君子は食事をする短い間も仁の行いに違《たが》うことなく、あわただしいときでも必ず仁の道により、つまずいてひっくりかえるようなときでも、仁の道から離れることがない」

こういうふうにして道に適って富や地位を得、道に適わない場合には、そこまでしてその地位を求めたところで、それは浮雲のようなものだといっております。

住友の家憲は、ご承知のように「浮利を追わず」ということです。日本で富豪にして何百年も続いたというのは、住友とか三井ぐらい。だいたい三代の金持ちというのは非常に少ないといわれております。

先にも話しましたが、山田無文さんという老師が静岡でお寺の住職をやっていたときに、過去帳を調べてみたら、三代の金持ちは非常に少ない、また七代の貧乏人もあまりないということに気づかれた。まあ、四百四病のうちで貧ほど辛いものはない。それを耐え忍ぶような人は、よっぽど偉い人か、よっぽど愚かか、普通の人は、これはかなわん。そこで「稼ぎに追いつく貧乏なし」で一所懸命やってたら、いつの間にやらようなってたということですわ。

日本もそうなんです。戦後は働くよりしょうがない、食べていくためにはね。もうすっかり焼け野原になってしまったし、工場はなくなるし、なんとかしないといかんとやっているうちに、自分でもびっくりするぐらい金ができた。それで金ができたといっていい気になっとったらバブルで破裂しちゃった。

それでまた随分苦しんで、漸く少し日の目を見るようになった。このときが大切ですわな、これ。これから失敗するのが増えてくる。

『論語』の中に「約を以て之を失う者は鮮《すくな》し」（里仁第四）といっています。グッと引き締めてつつましくしておれば、失敗する人は非常に少ないということ。ちょっと良くなっただけなのに、今までが悪かっただけに非常に良くなったような感じがする。さらに良くなって、調子にのっとったら、また同じ失敗を繰り返してしまう。そういうものでありま す。


富貴というのも、決まったものじゃありません。人間の一生の中には、なんべんかそういうことに巡り合うこともあるんですね。まあ、そういうことであります。

人間の道を通っていれば安らかでいられる

今日はこれに関連しながら『中庸』を少し読んでみます。

この『中庸』という書物は、孔子の孫にあたる子思《しし》という人が作ったものだといわれております。孔子の思想を、哲学的というか、理論的というか、そういうふうに表現をした、その第一の書物であります。

この本は少し形而上的になるものですから、わかる人にはようわかるけれども、わからん人にはさっぱりわからんというものです。語句の解釈なんかは簡単ですけれど、その奥に潜《ひそ》んでいる真髄というのが本当にわかるというのは、大体五十を過ぎてからですね。

私も若い時分からよく読みました。人にも話をしました。しかしそれは表面的なものであって、本当にわかったのはね、まだわかったかどうかわからんけど、本当に真からこれに共鳴をしたのは、五十を過ぎてからであります。

本でも行と行との間が見えてくる。そして、紙背《しはい》というて紙の裏までわかってきよるからね。人間は表がわかったら裏がわかる。平面的ではありません。すべて立体的なものでありますからね。いちいち話を聞かなくたって、正面がわかったら裏がわかる、裏がわかったら表がわかる。そういうふうになると、「本当にものがわかった」といえるのです。

君子は其の位《くらい》に素《そ》して行い、其の外を願わず。富貴《ふうき》に素《そ》しては富貴に行い、貧賤《ひんせん》に素しては貧賤に行う。夷狄《いてき》に素しては夷狄に行い、患難《かんなん》に素しては患難に行う。君子入るとして自得せざるなきなり。【中庸第十四章】

この「素」というのは、「それに基づいて」ということです。君子というものは、自分のおる場所に基づいて行っていく。その外を願わない。そこへ行ったらそこで真剣に取り組んでいく、それらしく生きていく。

「富貴に素しては富貴に行い」金ができ、地位が高くなったら、それらしく生きていく。今度は逆に「貧賤に素しては貧賤に行う」貧乏であり、また地位が低いときには、それらしく生きていく。偉い富豪が何かでスカンピンになった。そのスカンピンになったときには、それらしく生きていたらよろしいのやけど、前の富豪のときのことがいつまでも忘れられない。だから見栄を張って、ということになったら苦しいんです。

「夷狄に素しては夷狄に行い」外国に行ったら外国のそれに合わせて生きていく。

「患難に素しては患難に行う」憂い悲しみ、いろいろ難儀なときにぶつかったら、それに向かって全力で当たって、その外を願わない。

「君子入るとして自得せざるなきなり」立派な人物というのは、どこにおっても満足しないことはない。自得というのは有名な言葉で、額なんかにもよく「素行自得」と書かれておりますね。

上位《じょうい》に在《あ》りては下《しも》を陵《しの》がず、下位《かい》に在りては上を援《ひ》かず、己を正しくして人に求めざれば、則ち怨《うら》みなし。上天《かみてん》を怨みず、下人《ひとしも》を尤《とが》めず。故に君子は易きに居りて以て命を俟《ま》ち、小人は険を行って以て倖《さいわい》を徼《もと》む。

子曰《のたま》わく、射は君子に似たるあり、諸《これ》を正鵠に失すれば、反って諸をその身に求む。

【中庸第十四章】

「上位に在りては」高い地位にある者は「下を陵《しの》がず」、下と競争せんということです。下の者がようなってきたら、「あいつ、俺のところを脅《おびや》かすことになるやわからん」というて、下の者がのしてくるのを妨害するような上役もあります。

私のところに一昨年だったか、五十を過ぎてから相当の地位になっていたのに、「リストラの第一番に挙げられました。今から子供も教育をしなきゃいかんのに」といってきた人がいた。なんでリストラされたか。この人はようできるんです。それで上のほうがちょっと煙たい。だから、あいつを先にやれ、と。こういう人を残しておったら、困った会社がようなるのにね。こういう人がときどきやられるようですね。

そうかといって、「下位に在りては上を援《ひ》かず」。なんとか自分を買って貰おうと思って画策《かくさく》をして、上役に取り入ろうなんていうのは、「下位に在りては上を援く」です。常に「己を正しくして人に求めざれば、則ち怨みなし」。そして、どんなことが起こっても「上天を怨みず、下人を尤めず」。そういう生き方をすると、人間は安らかでいられる。

ということは、道理にしたがって人間は人間としての道を踏んでいくということが、一番安易であり平安なんです。「易きに居り」ということは、人間として道を行い、人として行うべきことを行っておれば、一番それが易きであるという意味。そういうふうにしておって、そしてあとは求めることなくして、天に任せる。「人事を尽くして天命を待つ」というのが「易きに居りて命を俟《ま》つ」ということです。

人間には人間の道がある。だから、人間が人間の道を通るのが一番易きだ。人間が獣道《けものみち》を通ってみたり、人間が車道を通ったら危ない。歩道を通ったら一番安全ですね。人間の人生行動の中にはちゃんとしたルールがある。そのルールにしたがっていけば、一番安らかであり、安易でもあるという、そういう意味です。楽をするという意味じゃないんです。一面からすると、人間の道を踏んでいくということは難しいのかもわからん。気まま勝手なことをやることが楽かもわからん。けれど、結果的にはそれはよくない。

人の道というものは、そんなに難しいものではない。普通のことなんです。だから、平常行っていく、誰でもが行っていく道を歩むということが、最も易い。それが同時に天を楽しむというところにも通ずるのであります。

『中庸』は創造の原理を説いている

一方、「小人は険を行いて以て倖を徼む」。小人というものは危険な道をたどって——ということは道理を踏み外してということですね。そしてボロ儲けを考える。思いがけない幸いを求める。この「倖」は「僥倖《ぎょうこう》」の「倖」でありまして、その幸いを求める。

唐の詩人で白楽天という人をご存知だと思います。杜甫《とほ》とか李白とか韓愈《かんゆ》とかという人たちと並び称せられた詩人です。この人の詩は日本人に非常に親しまれてきました。今もなお、親しまれています。

この楽天というのは字《あざな》で、本名は「居易《きょい》」といいます。「易きに居りて命を俟つ」から取っておるんですね。この本名と字とは、非常に関連性をもっているんです。易きに居り、そして命を待つということは、「天を親しむ・楽しむ」ということですね。これは一つのつながりがある。

この先生は、いろんな境遇の変化があるんですけれども、酔吟先生といって酒も好きだったようですな。悠々楽々と生きた人であります。

最近「楽天」というのがだいぶ聞かれますな（笑）。「易きに居りて命を俟つ」から本当の楽天になったのか。あるいは、「険を行って以て倖を徼む」と、思いがけない金儲けができて大富豪になったのか、私は知りませんけれども、楽天まことに結構だ、いい名前ですわ。その原点は『中庸』にあるわけであります。

私も和歌山県の山中にある小屋に「楽天居」という名前をつけておきました。それから、大阪のある老人ホームの大集会室に、額を掲げるというので「楽天堂」と大書しました。この「楽天」という言葉には私も非常に興趣《きょうしゅ》を覚えるのであります。

まさに『中庸』は、万物創造といいますか、あるいは事業創造、その創造の原理を説いたものであります。

一番初めに、人間学として大切なものに「小学」「大学」「中学」というものがある。その「中学」の一番手近なテキストが『中庸』であるということも申し上げましたね。

なかなかわかりにくいかもしれませんが、孔子も「未だ生を知らず焉《いずく》んぞ死を知らん」というとるのだから、死ということは実際はわかっていない。

ところが宗教というのは死んだあとのことを問題にします。「あれは、このままで行ったら、必ず地獄に落ちる」とか、だいたいそういうところに宗教というものが興ってきているんです。マホメット教でもそうでしょう。日本の仏教なんかでも、地獄・極楽というて「そんなことしてたら地獄に落ちるぞ」とか。それで地獄の様子を細かく書いとる。

それは行ってみたことのない人が書いてるんですよ、実際はな（笑）。だからある意味では脅かしやね。その脅かしにのって、大衆が恐れおののいておる。

それに対して孔子は、どこまでも人間的に生きていく。生きているうちに自分のなすべきことを精一杯やっていくのが死につながるんだ。その先はわからん、という。これが本当でしょうな。

「この世はまあええ加減にやっとってても阿弥陀さんが救うてくれる」とかいうて、「阿弥陀さんは有り難い」と「南無阿弥陀仏、南無阿弥陀仏」と唱える。これは本願誇りというて、悪人なるがゆえに救われるんだという考え方。これを真正直に受けて、「まあ、適当にやったらええわ。薬があるから、酒でもようけ飲み過ぎてもええんじゃ」「不摂生《ふせっせい》をしてもええんじゃ」というものの考え方があるでしょう。

ある人なんか、酒にすっぱいレモンを入れたら、あんまり肝臓を傷めんとかいうて安心してようけ酒飲んどる。最近は、焼酎の中に梅干を入れて飲む。あれ美味《うま》いですわ。けれども、「薬があるから不摂生をしてもええんじゃ」と、こういうものの考え方が健康を損ねる大きなもとになる。

薬に頼らないで充分に食事療法をし、気をつけてやっていく。酒も適当に飲めば百薬の長である。度が過ぎると毒である。

だから、昔から酒に関してこういう言葉がある。

「上戸《じょうこ》は酒の毒なるを知らず」。上戸というのは酒飲み、その大酒飲みは酒が毒だということを知らん。

「下戸《げこ》は酒の薬なるを知らず」。酒というものは、健康のためにいいんです。適当に飲んでおったら、血行を促進し、気分を爽《さわ》やかにし、あれは長生きのもとなんだ。全然酒を飲まん人で長生きする人は非常に少ない（笑）。いや、これは皆さんよくご存知だと思う。男ばかりじゃない、女もそうですよ。「ちょっと一杯」そういうような人は長生きします。それを「絶対飲んだらいかん」というような人はいかん。「上戸は酒の毒なるを知らず。下戸は酒の薬なるを知らず」ということで、結局我々は生きてるうちに気をつけるということは大切なんです。

健康なんかでもそうですよ。「あんた何かやってますか」というから、「いやいや、何もやってませんが、ただ一つ続けているのは、柔軟体操をやってることや」と答えたことがある。真向法《まっこうほう》という体操をしとるんですね。これは三十の年から今日に至るまで、朝と晩、三分か五分、必ず続けてきた。だから私の体は柔らかいんですよ。非常に柔らかくできてるんですわ。これは一朝一夕《いっちょういっせき》にできたのとは違う。六十年ずーっと続けてきた。だから幼稚園の子供よりも私のほうが柔らかい。

幼稚園の子供をお祖父《じい》さんが私のところに連れてきて、「この先生、真向法というのがようできるんや」と紹介した。それで試しに応接間のセットを片付けてその園児と二人でやってみた。普通のポーズはその子もできるけど、足をぱーっと広げて頭を着けるのは、私のほうがよくできました。この子供は負けん気の強い子供だったらしいが、かぶとを脱ぎよった。それで「今度来る時には先生よりもよくできるようにしてきます」といって帰ったが、それからもう五、六年、来よらん（笑）。

そろそろ時間がきましたので、今回はこのへんにします。

【第十講】

中庸の道を往く

——中和を致して、天地位し、万物育す

機に投ずる

平成十六年は、天変地異、しかも激しいそれが重ねてやってまいりました。一瞬にして多くの人命が、また永年苦心惨憺《くしんさんたん》して作られた人の財産も一瞬にして失われるというようなことが、現実として現れてまいりました。

先般ご紹介した、『論語』の「死生命あり、富貴天にあり」という言葉が現実になったと思われるようになりました。しかし、まあ不思議なもので、一瞬にして命を失う人があるかと思えば、中越地震のときのように二歳の子が四日間も生き延びてみたり、スマトラ沖の津波で二週間も海上を漂って、そうして生き延びる人もあるわけです。

私も昨年は、本当に何十年の親しい人が次々に先立って行きました。この次は私の番だろうと、順番待ちのような気持ちでおりました。昨年末から今年の初めにかけて猛烈な風邪で咳が出まして「ああ、いよいよ来たな」と、ちょっと思わせるようなところがありましたが、まあ、もうちょっとおれということですかな。九十の坂を漸く登りはじめまして、今日、皆さんとお目にかかれる。

これまた考えてみると不思議ですな。そういうふうに、毎日不思議だ不思議だと思いながら、生き続けておる今日であります。

本年（平成十七年）は申し上げるまでもなく、戦後六十年であります。いわゆる「還暦」ということになりますね。

私にとってこの六十年は、ほんの昨日のように思います。特に敗戦の状況などは、昨日のように鮮明に甦《よみがえ》ってまいります。皆さんはお若いから、過去のこととお思いになるかもわかりませんけれども、私には現実でございます。

今年の歌会始の儀において、天皇陛下の御製に、

「戦なき　世を歩みきて　思ひ出づ　かの難《かた》き日を　生きし人々」

とありました。これはまさに、戦後、苦心惨憺をしながら今日の日本を築いてきた、その生き残ってきた皆さんのご苦心の様子を詠まれたものなんです。もう亡くなられた方はやむを得んとしても、生き残った方も決して楽ではなかった。あるいは、死ぬ以上の苦しみを経ながら生きた人も、たくさんあると思いますね。そういう方たちをお思いになられ

た陛下の御心が実に有り難いと思い、拝聴いたしました。

まあ、物事というものは、やっぱり一つの変わり目というものがあるものですね。春がくればやがて夏がくる、そして秋がきて冬がくる。一つの季節という、そういうものは変わって行くものであって、ずんべらぼうで行っているわけではありません。

正月なんかもそうです。十二月三十一日と一月一日と、どれだけ違うんだと思うのだけれども、やっぱり正月を迎えるというと気分が新たになる。そういう時期がある。

この六十年、還暦を迎える日本、やっぱり大きな変わり目に到達しておるんですね。このときに、その時期というのをよく捉えて活かすということが大切であろうと思います。

人間は「機を知って機に投ず」ことが大切。今は「投機」という言葉はあんまりいい言葉として使われない場合がありますが、機に投ずるという投機は、何をするのにも大切なことです。

日本という国は、二千数百年綿々《めんめん》として続いてきて、変わらず今日に至っておる。世界で最も古い国なんですね。

ところが今、若い人たちに聞いてご覧なさい。「世界で一番古い国はどこだ」と聞くと、中国だといいます。中国というのは四千年の歴史を持っているけれども、国そのものはしょっちゅう変わっているんです。この二千数百年の間をみても変わっている。近々、台湾（中華民国）は九十年を過ぎるぐらいのことでありますし、大陸の中華人民共和国は五十年をちょっと過ぎたところなんです。

日本はその点変わっていない。戦争に敗れましたけれども、敗れたときの天皇が存続したわけであります。元首は変わってない。こんな国はないんですな。大戦争に敗れたときには、大概その元首は追放されるか、絞首刑になるか。そのままで収まるということは、まあ例がないといってもいいくらいです。

その大戦争をして負けた日本の天皇が存続したんです。そしてアメリカに招待されて行っているし、ヨーロッパにも招待されて行っている。恨み骨髄に達するというような中国にも、天皇はお招きを受けているわけであります。やがて韓国も「是非」といっておられますしね。これは世界に例のないことです。

しかし、日本の歴史をずっと繙《ひもと》いてみますと、決して坦々《たんたん》として無風状態で二千数百年を越してきたわけではありません。やっぱり「時」がある。「これをやったら危ない」というときに、それを改める動きが起こっておるんですね。

たとえば、ご承知の大化《たいか》の改新、そして建武中興です。その後も幾度かそういう動きがありましたけれども、大きなものは今から六百七十年ぐらい前、楠木正成《くすのきまさしげ》などが出てきた建武中興ですね。昨年は建武中興からちょうど六百七十年でありまして、私もその催しにいくつか参りました。

そして、一八六八年には明治維新が起こった。二百六十年続いた幕藩政治が終幕して、新しい日本が誕生した。しかし、明治維新は革命ではない、革命というのは「命を革《あらた》める」と書きまして、根本から変わるのを革命というんです。中国では「易姓《えきせい》革命」なんていうのがありますがね。ところが日本には革命がない。

日本の革命は「維新」という。これは『大学』の中にも出てきます。「周は旧邦なりと雖も、其の命維《こ》れ新たなりと」というところです。「周という国は古い国だけれども、その働きは常に新しい」ということであります。「日々に新たに、また日に新たならん」ということです。

根や幹は変わらないで、そして枝や葉や花は年々変わります。そのように、日本は根本からは変わらないけれども、その時代に応じて装いを新たにしていった。これが日本であります、それを「明治維新」と、こういいます。

明治維新からちょうど百年にあたる昭和四十三年、このときに、昭和維新をやらねばならん、戦後の占領政策をそのまま継承したような半独立的国家ではなく、やっぱりちゃんとした国を打ち建てなくてはならん、一人一人が志士になったつもりで取りかからなくてはいかんという考えを持って、明治維新に散った志士三百八十幾柱のお墓の前にこの霊山歴史館ができました。

明治百年をとらえて、日本は昭和維新をやらなくてはいかんと心ある者が考えたんですけれども、それはなかなか大きな流れになりませんでした。そして遂に今日を迎えてきた。

確かに昔に比べても経済的には大いなる発展を遂げました。生活的にも向上しました。であリますけれども、世界情勢というものはまことに不安定である。また、常識では考えられないような出来事が頻繁に起こっておる。親が子を殺し、子が親を殺すということがあり、最近では小さな女の子を弄《もてあそ》ぶとかいうような犯罪があとを絶ちません。あれが若い女の人を追うのだったらまだわからんではないけれども、七つや八つの子に興味をおぼえるというなんてことは、これはまさに異常です。

異常とは何かというと、ブレーキがかからなくなっているということ。衝動的に動いて、ブレーキがきかなくなっている。自動車でもそうでしょう。スピードが出れば出るほど、精巧なるブレーキを必要とするんです。

新幹線のあの猛スピード、それに対する精巧なる制御機が必要とされるんです。あのブレーキを発明した人は、私もよく存じておりました。三年か四年ほど前に亡くなりましたけど、いい人でした。私の話もよう聞きにきてくれてました。

あの方は苦労したんですわ。あれこれ発明をして、それである程度の財をなしました。けれども、新幹線の自動制御機を考えることになって、これがなかなか成功いたしませんでした。もう蓄《たくわ》えはなくなるし、借金は増えるし、家族心中しようというところまで行ってたんだけれども、そこの番頭さんが、「死ぬ気なら、その気持ちでもういっぺんやったらどうです」といってやったところ、それが成功したんですね。それで楽になったんでしょう。非常に小さい会社でありましたけれど、上場しました。「日本で一番小さいかもわからん」と私にいっていました。

これは余談ですけれども、要するに、スピードが出れば出るほど、これを制御するものをもたんといかんのです。

私は高知県に生まれたんですが、高知県は日本で一番道の悪いところでした。高い大きな山を定期バスが登っていく前に、車掌が、「ただ今よりブレーキの点検をします。猛スピードで走って、ピタッと止まりますのでご注意ください」というて、それでバーッと走ってピタッと止まりよる。「ご安心ください」いうて（笑）。

山を登るときはともかく、下るときはブレーキがきかなかったら、谷底へ落ちる。かといって、ブレーキはそうしょっちゅう使ったらいけません。けれども、はじめから事故がないようにブレーキをかけてたら、まあ事故はないやろけど走りはせん。走るのが目的だから、これではいかん。だから、目的を達成するためにはブレーキがいる。

人間もそうだ。自由自在に動いていい。けれども、そこにしゃんとした止まるところを知らないといけない。

ところが今の若い人の中には、そのままに動いて、自分で止めることができない人がいる。これはどこから来てるのか、そこのところを根本的に考えなければならない。

この頃は犯罪が多くなるから、教育費を減らしても警官を増やさないかんという。これは文明国としては最も恥ずべきことだろうと思います。

数日前に大阪府の知事がＳＯＳを出した。何かというと、監獄というか牢屋というか、あそこが超満員で国家の援助を頼むなんていう。牢屋が超満員なんて恥ずべきことですよ。なんでそういうことになるかということを考えんといかん。

教育というものは、何十年かあとに、その効果が表れるものなんですね。実業のように、すぐキャッシュになるわけではない。良きにつけ、悪しきにつけ、効果が現われてくるのは何十年かのあとであります。

まあ、そういうことであります。ちょうど戦後六十年になりますので、その転換期にあたって一つ考えたいと思います。そういう意味において、今回も前回に引き続き、『中庸』というのをちょっと垣間見てみようと思うのであります。

『中庸』の成り立ち

孔子およびその弟子たちの言動およびお互いの問答を集めた短い語録が『論語』であることは、はじめに申しました。系統的な書物ではありません。みな一章一章が単独での、語録である。

その孔子の教えを最も素直に受け継いで、これを後世に伝えた代表的な人が曾子（曾参）であります。曾子は孔子よりも四十六歳若い弟子であります。その曾子が孔子の教えを素直に受けて、その弟子たちと共につくられた書物が『大学』です。

また、曾子のあと、曾子の教えを受けた子思という人がいました。子思は孔子の孫になるんです。孔子の子供は「鯉《り》」、あるいは「伯魚《はくぎょ》」と申しまして、孔子に先立って亡くなるんですね。孔子は自分の跡継ぎが亡くなって、その孫の子思が孔子の死に際して喪主をつとめたということになっています。これにはいろんな説がありますが、そのとき子思は十四、五歳ぐらいではなかったかといわれております。

この子思、名は「伋《きゅう》」と申します。これが『中庸』をつくりました。

『中庸』というのは時代の要請もあってつくられました。というのも、この時代になると、孔子の教えもありますけれども、他の学者の教えもいろいろあって、孔子から離れていくところがあった。孔子の教えというものがちょっと散漫になるというか、ボケてくる。それで孔子の教えをきゅっと引き締めるために、少し理論的に解明したのが、『中庸』という書物です。

だからこの本は少し体系的なところもあります。しかし、内容的には孔子の教えから逸脱するものではありません。

行き方を知るために「教え」を受ける

それでは本文に入りたいと思います。

天の命ずるこれを性《せい》と謂《い》い、性に率《したが》う之を道と謂い、道を修むる之を教《おし》えと謂う。【中庸第一章】

一番初めに出てくるものが、「天命これを性と謂う」あるいは「天の命ずる、これを性と謂う」。前に「天命を覚知する」という講題でお話ししましたときに、「天命」ということについては触れましたね。

我々が生まれるということは、これは何の働きかというと、天の働きによるものである。直接的には父母の働きによるものだけれども、これをずーっと突き詰めていくと、天。ここでいう「天」は、天地という場合の天ではなくて、それらを結んでおる根本的な大きな働きであります。

しかしこれは、我々が肉眼によって見ることができないし、また肉耳によって聞くこともできないというものです。それが厳然として存在しておる。だから、この「天」は「神」と言い替えてもよいもので、摩訶《まか》不思議なる存在である。そして強大なる働きを持っている。

その「天の命」というのは「働き」であるとともに、それは「命令」である。天の命ずるところです。それともう一つ大切な働きが与えられている。それは「使命」というものです。

この「天命」というものは絶対にして尊厳なるものであります。その絶対にして尊厳な、何者も代わることもできないものが与えられておるものを「性」という。だから「性命」と、こういうとるわけであります。

すべて我々は動物でありますから、動物性という性をもっている。その動物の中でも我々は人間でありますから、他の動物とは違う「人間性」という性を生まれながらにしてもっている。その人間の中に男と女というのがある。男には「男性」、女には「女性」という厳然として明確なる性が与えられておる。そして、また個々人は、顔が違うように一人一人に与えられた尊い性というものがある。これが「個性」というものです。

そして、その人が人となる、人として完成するためには、自らに与えられておる性を、完全に発揮し得ることである。そのときに「人となった」といえるんです。これはおわかりになると思います。

ソクラテスでも、人間が立派になるためには「汝自身を知れ」「自分を知れ」といっている。孔子も「五十にして天命を知った」ということは、「自分の存在の意味を知った」ということです。だから、それは言葉を替えると「自分自身がわかった」ということになる。

「天命を知る」ということは「我を知る」ということです。ところが、その我を知り、その性を発揮するためには、やっぱりそういう働きはもとより、ルールがある。そのルールは、漠然としたルールではない。自分の性に順応した、性にしたがった、その人独特のルールがあるわけであります。そのルールを知るということが大切です。「天の命ずる、これを性と謂う」。その性にしたがって行くそのルールが「道」というものですね。

ところが、この「道」というものが、自分で探そうと思うとなかなか容易ではない。一生かかっても、その道を探し得ない場合もある。ところが人間の中には、その自分の道を知って、それを歩いて、自分を完成したという人がおるんだね。そういう人が「わしは、この道を歩んできたぞ。そしてこの大目標に到達した。だから、まあ、わしの確かに歩んだこの道を歩んだら、まあまあ間違いなしに到達するぞ」というのが「教え」というものになるわけです。

いわゆる「道を修める」。自分のものとして道を修めて到達した人が、あとから来る人のために示したもの、それが「教え」です。

道を示すのに「枝折・しおり」というのがありますね。

山道を歩いているとき、先発の人が前もって歩いて、その道がどこに到達するかということをはっきり知って、あとから来る人に枝を折って「こう行けばいい」というふうに示しておく。そうするとはじめて歩く人でも間違いなしに道を行ける。これを「枝折」という。これを「教え」というんですね。


私は長らく山の中で生活をいたしました。途中に家もない全く無人のところに入って、自衛隊が来て道を作ってくれたりした。それで、入り口のところに大きな目印として道標を建てた。皆さんはその道標をたよりに歩いて、途中につけた小さな矢印にしたがってやってきた。ほとんど間違う人はありませんでしたね。

ところがあるとき、大事な人が二時間しても三時間しても来ない。もう着くはずなのに、随分遅れてきた。なんでそんなに遅れたか、道標があるのに、と思ったら、「道標の方向に進んで行ったら遠いところまで行ってしまった」というんです。「そんな馬鹿なことがあるか」とびっくりして道標のところへ行ったら、矢印が反対のほうを向いているんだ。あとで聞くと、そこに自動車をぶつけて、ぶつけた人が慌《あわ》てて上のほうを見ずに直したもんだから、迷うようにしてしまった。小さな標識はポッと抜けるものですからね。ときどきいたずら者が来て引き抜いて逆にしとる（笑）。

そういうふうに、道標というのは非常に大切なものなんですね。そこを歩んだことのある人が、あとから来る人のために親切に示したもの。これを「教え」というんですね。

学者があの本を読んだりこの本を読んだりして「多分こうだろう」と帰納的に結論を出して、「こう行ったら行ける」というのはときどき間違う場合があるな。

この「教え」という場合には、必ず教えた人がおるわけです。たとえば、お釈迦さんは三十五歳のときに、「天上天下唯我独尊」という、自分がこの世に生まれた意義というものを知った。

しかし、釈迦は、「それは自分だけではない、すべての人がそれをもっている。わしは幸いにして早くそれがわかったけれども、あとから来るもののために、みんな尊い使命というものを自分で悟ることができるのだ」と考えて、それを教えたものが仏教なんです。仏陀が教えたから仏教という。キリストが教えたのはキリスト教ですね。

宗教という字の「宗」は「本筋」という意味。何の本筋かというと、人間になるため、人間を完成するための最も本筋になる教えを「宗教」という。

日本では「黒住教」というのが岡山にあります。あれは黒住宗忠《くろずみむねただ》が教えた「教え」であります。奈良には「天理教」というのがある、あれは中山みきという婦人が天理を悟ったという。そして、「まあまあ、わしはこうして悟ったんやから、おまえさんらもこのようにしたら大きく間違いなしに行くことができるぞ」ということを教えたのが天理教です。だから、宗教には必ず教祖がいる。


我々は、自分でこの道を探そうと思ったら、なかなか探し難い。そこで、これらの人々の教えを問う。どうしたらいいかということを問う、あるいは学ぶ。「問学・もんがく」ですね。昔はですね、「問学・もんがく」といったんです。あるいはこれを「聞」と書いて「聞学」でもいい。両方ありますけども、どっちも「もん」と読む。今はこれを引っ繰り返して「学問」となっています。

要するに、我々は教えを聞く、あるいは学ぶことによって、どういう方向へ行ったらいいかという道を知る。

ところが、その道を歩いて行くうえにおいては、人によってみんな違う。足の強い人もおりましょう。足の強い人は外のほうからぐるぐる回らんでも、近道をすーっと行ったらいい。でも、足の弱い人は近道はできんから、遠回りをせにゃいかん。というわけで、歩んで行くのはみなその人なんです。その人の足で歩く。

自分の足で歩いて、自分に最も適当な道を知る。これを「覚《さと》る」という。「覚る」というのは、自分で見ると書いてある。それは自分はどういう足取りで行くか、自分に一番適当したものを見つけるのが「覚る」ということです。お釈迦さんが歩いた道をお釈迦さんと同じ歩みで行くわけじゃないんです。みな一人一人違う。これを「覚る」という。

私は「覚」という名前やけどな、これは親が付けてくれたもので、実際は今になっても覚ってへん。名前が勝ってるなといつも思うけれども、付けてもろうたんやからしょうがない（笑）。だけれども、「覚る」というのはただ真似る、あるいは学ぶという、それだけじゃない。

前にもいいましたが、「覚る」ということをもう一つの言葉では「悟る」と書いている。これ、なかなか面白いね。「心」という字と「吾」と書いてる。「吾」という字が面白い、五があるでしょ、下に口を書いている。ということは、五本の指で口を覆っているという姿ですね。それは何かというと、自分はわかっても人にはなかなか説明できんということです。

その悟りの境地がね、自分ではわかっても人にはそのままいえないんです。本当にわかってる者はいえない。だから「悟り・覚り」は本来いえないもんです。それを理屈をつけていおうとするから、ここに無理がある。これ「理屈」の「理」という字は「ことわり」という。「ことわり」というのは、一つのことを割る、「事を割る」。ことわったら、もうそのことでなくなります。

ただ説明の都合上、部分的に分析して話をしとるだけ。我々の体には五臓六腑《ごぞうろっぷ》がある、それらがみな結合されているんですね。これを一つひとつを説明したら、その人を説明できるかというたら、そうではない。理屈を知らんでもみな生きている。そうでしょう。理屈を知ってるから生きてるのとは違う。

飯を食うたら胃袋の中でどういう働きで消化をしておるのかということを知ってから飯食うてる人はいないんです。子供でも、そんな理屈は知らんでも、ちゃんと消化してくれてる。我々は理屈を知らんでも生きてるんですね。

ただ説明の都合上、分析をして話をしてる。分析してしまったら、そのものでなくなる。

ですから何もいわんほうがええね。しかし、いわんほうがええのやけど、いわずにはおれん。これがデリケートなとこです（笑）。

だから私の話を聞いたら、あんた方がスッとわかるかというと、そうではない。ある程度のアウトラインぐらいはとらえることができるけれども、本当に知ろうと思ったら自分で覚えるよりほかない。熱いとか冷たいとか言葉でいうよりも、熱いものを食べてみたほうがわかる。「あっ、熱い！」とね。

まあしかし、一番無難なのは、いっぺん歩いたことのある経験をもった人の言葉や行いを問うとか学ぶということです。これは一番間違いがない。そうして「あっ、こうだな」という方向を知って、「自分はどうだ」ということを自分で覚って、その道を今度は自分で歩いて行く。そうやって、与えられた性を発揮することができる。これがいわゆる、天命に沿うて生きることができるということですね。

まあ、一般はこうです。これは間違いのない世界。

宗教というものは本来、理論と方法が確立して本当の宗教といえるんですね。これが確立していない場合には神懸《が》かりとかいうてね、霊感だけに頼っておるとかいう場合には、それは本当の意味の宗教にはならない。

学者などは教義を一所懸命勉強して、誰それの教えはこうだということを理論的に説明をする。それを一般が学問していく。これが一番本筋のあり方ですわ。間違いない。

神道には「教え」がない

ところが、この教えを経ずに直接道に行くのが日本の神道です。日本の神道というものには教えがない。「道」である。日本人はこれで行きよるんですわ、教えがない。

お寺に行ったら坊さんがいて、仏道について話をしている。教会に行ったら牧師や神父がおって、キリストの道を説いてくれる。でも、お宮にお参りしたら、神主さんはそんなことはいうてくれない。初詣《はつもうで》に何百万人もお参りしましても、神主さんは殆《ほと》んど関与しない。だけれども、お参りする人は全く自由に行ってお賽銭《さいせん》を十円を入れる人もありましょうし、この間のように偽札を入れる人もおる（笑）。いずれにしても、強制で入れているものではない。それでなんの説教も受けないのだけれども、「今日は気持ちが良かった。このすがすがしい気持ちで今年は行こう」と、自分で決めているのですね。

これが日本の「神道」です。神道には教えがない。教えがないということは理論がない。日本の神道の場合には「言挙《ことあ》げ」をしない。「言葉でもって説明をしない」ということですね。これが日本に古くから伝わっている。いつできたかということはわからんのが「古神道」です。おそらく、日本民族発祥の時分からずーっと今日まで伝わっているものと思われます。

教祖がないんですわ。伊勢神宮にお参りしても、あれはご先祖であって、教祖ではありません。

私は大阪の四条畷《なわて》神社の責任役員をしていますが、あそこは御祭神が二十三歳の青年、楠木正行《まさつら》ですが、教祖ではありません。それなのに拝まれとる。拝まれとる人は迷惑かもわからん（笑）。「わしはそんなつもりで死んだんではない」と。四条畷神社なんか、楠木正行の死んだあと、五百年以上たってから神様として祀っているんですね。

ところがさっきいった黒住教とか天理教とか、こういうのは神道から派生したもので、教祖がいる。こういうのを教派神道という。これは戦前には十三派ありました。今はもっと増えてます。

ここに日本の特色があるんです。学問をせんでもわかる。こういう芸当をもっているのが日本人だと思うたらいい。

中和を致して、天地位し、万物育す

今、『中庸』という書物を通じて「教え」「道」ということについて話してきたのでありますが、日本の特色はここにあるということですな。外国の宗教を奉じている皆さんとは違うところですね。決して宗教というものを無視はしておりません。無視はしてないけれども、こういうものがある。

戦前は、神道には理屈がない、体系的でない、理論的でない。だから日本の神道なんていうのは宗教ではない、あれは非常に原始的なものだというわけで批判されました。文化人といいますか、ちょっと哲学的な人、あるいは宗教哲学を修めた人から見れば、神道というものは取るに足らんものだというふうに思われておったわけであります。

ところが最もよく日本人の特色を知ってるのがアメリカ。アメリカというのは日本と戦争しているときに、「やがて我々は勝つ。勝ったら日本を占領する。占領してこれを治める。治めるためには日本を知らなければいかん」というので、大学の中に日本学科というのを新設して、日本を研究したんです。

そして昭和二十年八月十五日に戦いが終わった。彼らは戦勝者として日本に上陸してきた。占領軍ですね。占領軍というのを嫌がって進駐軍といっているけど、あれは占領だ。その占領軍が五十万、日本に来たんですね。

それとともに、もう一つ、日本学科などで日本を研究している人たちが日本にやって来た。彼らは日本を根本から変えなきゃいかんということで、日本の一番大事なところを突いてきたわけです。

それは何か。まず日本人の心を変えなくてはいかんということ。その心の拠《よ》り所は何かというと「古神道」である。その古神道がよく表れてるところが神社である。その神社が約八万、全国にある。この神社を変質させなきゃいかん。そのために、「宗教にあらざる古神道を宗教とする」というんですな。

その命令を「神道指令」という。昭和二十年十二月十五日に、これを発令した。皆さん、神道指令という言葉を知っていますか。法律を修めた人でも最近は知らない人が多いですよ。これは大事なことなんです。これは何かというと、「日本の八万の神社をすべて宗教法人にせよ」という命令です。日本の神道は、彼らのいう宗教ではない。それを「全部宗教法人にせよ」といったんです。当時は、占領軍の命令は絶対命令でありますから、断わるわけにもいかん。

宗教法人の性格には、大事なことが三つある。

その一つが教祖があるということ。

それから、それを信じる信徒、信者がいること。

もう一つは、その団体・神社を運営する理事者。のちには責任役員なんていいます。

この三者がそなわることによって宗教法人となる。

ところがさっき申しましたように、日本の神社は御祭神であって、御祭神は教祖ではない。京都には随分お宮がありますけども「稲荷さん」なんていうのも、あれ教祖とは違います。和気清麻呂《わけのきよまろ》を祀ったお宮とかね、たくさんお宮がありますけど、どれも御祭神であって、教祖ではない。

祀られている人も、「俺は教祖や、生き神様や」というた人は一人もおらん。「あの人は徳が高い。立派な人や。一つ神様としてお祭りをしよう」といって、人が寄って作り上げたのが神社です。御祭神が要求して神社ができたのとは違います。こっちが勝手に作ったたんです。要するに、「神は人によって作られる、人は神によって守られる」ということ。これもわからん話やけれど、こういうのが神社の御祭神です。

それなのに、占領軍は神道指令で無理矢理に宗教法人にしよった。御祭神はご迷惑でも教祖になってもらわないかん。信徒はなかったんだけれど、ある程度作って、そして理事者を決めていった。

まあ、昔は氏神様《うじがみさま》というたら氏族の先祖であって、教祖ではない。氏子《うじこ》も氏の子であって、信徒ではなかった。それを無理やりやった。まあ、こういうことでございます。

ここから展開しよったら、出口がなくなっちゃった（笑）。だから、この話はもうこの辺でおいて、次のところを見てください。

独りを慎む

道なるものは、須臾《しゆゆ》も離る可からざるなり、離る可きは道に非ざるなり。是の故に君子はその睹《み》ざる所に戒慎《かいしん》し、其の聞かざるところに恐懼《きようく》す。隠れたるより見《あらわ》るるは莫《な》く、

微しきより顕かなるは莫し、是の故に君子はその独りを慎むなり。【中庸第一章】

「道なるものは、須臾《しゅゆ》も離る可からざるなり」。道というのは天の道であるから「須臾」しばらくも、そこから外れてはならない。

「離る可きは道に非ざるなり」。離れてもよいようなものは、それは本当の道ではない。一瞬たりともこの道から離れてはならない。

「是の故に君子は」そこで立派な人物、あるいは立派になろうと志す人物は、「その睹ざる所に戒慎し」、誰も見ておらないところにおいても、「戒慎《かいしん》」というのは戒め慎むということ、自分自身を戒め慎む。

「聞かざるところに恐擢す」。誰もおらん、誰も聞いてない、そういうところでも恐れておそれてその道から外れることのないように努めるということです。

「隠れたるより見るるは莫く」、隠れておるから誰にもわからんだろうと思うけれども、それはあるところにきたらポンとわかるようになる。シングラーポイントという、特異点というのがあって、「隠れているからわからんだろう」と思っているけれど、何かの弾《はず》みでポンと出る。そうすると、隠れたるときよりもはるかにその反動というか影響が大きいんです。だから、隠れたるということは、事実はもう現れていることなんです。自分では隠れていると思っているけれども。

これは良い面でも悪い面でもいえるんですけれども、ここではどちらかというと悪いほうのことをいうておるんです。

二代揃ってえらい大金持ちで、世の中の人から「あの人は大した人だ」といわれた人が、なんかの拍子におかしなことをしていたことがわかった。その途端に、その人に対する見方が前とは非常に違ってくる、ということがありますね。はじめから表れていたらね、「あの人ならやりそうなことや」と（笑）。だから多少おかしなことがあっても驚かん。しかし、隠れておることがなんかの拍子に出てきたら、その反動は大きいわけです。

「微しきより顕かなるは」、ほんの少しだと思って、まあまあ、このぐらいならと思っていると、それは「小を積んで大と為す」で、だんだん積み重なって、いつの間にやらポッとわかるときがある。

だから実際はわかったときが本当じゃない。もう前からわかっているんだけども、何かの拍子に表面化したんです。それがシングラーポイントに至ったときにパッと人の目につくようになる。

これは実際は良い面でもいえるものです。小さなこと、良いことを積み重ねていたものが、どっかでひょいと現れる。するとああの人は、ああいういいことを隠れてやっておったのか。人知れずやっておったのか。ああ立派な人だ」となる。現れたのと現れないのとは、ある意味からいえば、そう大して違いません。だけれども、それは大きな差があるわけであります。

ここは「独りを慎むなり」というふうに出ておりますから、どちらかというと悪いほうですね。『中庸』として、一つの人間修行の一番大切なものは「慎独」という「独りを慎む」ということです。

「中」とは平常心をいう

続いて読んでいきましょう。

喜怒哀楽の未だ発せざる、之を中と謂《むすぶ》う。発して皆な節《せつ》に中《あた》る、之を和と謂う。【中庸第一章】

これは次元的にちょっと違うところがありますが、同じ章の中に入れてあります。

「喜怒哀楽の未だ発せざる、之を中と謂《むすぶ》う」

人間の心というものは喜怒哀楽の感情となって外に現れる。王陽明は、人間はこの喜怒哀楽の四つに尽きるというておりますけれども。これは心が外に現れてくると、喜ぶか、怒るか、哀しむか、楽しむか、そういう感情となって現れてくる。これが内側で結合されたといいますか、喜怒哀楽のまだ発せない未発の状態を「中」という。

皆さんはそれを知らんから平常心というか普通の顔をしておりますけど、皆さんの顔はしょっちゅう変わってるんですよ、私がちょっというてもワハハハと笑うてみたり、「あいつはわからん話をしよる」とか（笑）。みな顔に書いてある。

大体平常心というものはわからないでしておるときのことですね。「中」というのは、言葉を替えれば平常心。喜びも哀しみも、それが外に現れていない状態です。これは一瞬にして変わる。それをしょっちゅう繰り返しているのが、我々人間です。

この「中」ということを現そうとして、みんな苦労しているんです。現し難いことを現そうとするものだから、苦労せないかん。

「中」とは、ある考え方によると「空である」、空っぽだといいます。ところが、空っぽという形に囚われるんです。形に囚われたら空っぽじゃない。

「無」というと、無心なんていう言葉がある。「無」は「無い」ことですね。では、「無い」のかというと「有る」。「中」も、何もないように見えているけれども、笑ったり、怒ったりするわけですから、ないわけではない。そういうものを含んだものである。

ところがこの「無」というのに一般の人はすぐ囚われるから、そういう「無」ではないといっているんです。それじゃ何かがあるんだというと、すぐにこの「有る」に囚われる。それでそういう「有る」ではないというたら、「有ること無し」で、これは「無」ということになる。

こいつをいくら積み重ねても、同じ積み重ねになるんです。説明ということは難しい。

道元禅師という人は坐禅を「只管打坐《しかんたざ》」という。あの人はこれを説《と》こうとしたのですが、しかしなかなか現せない。「不立文字《ふりゅうもんじ》」という言葉にも文字にも現せないものだといっています。そいつをわからせようと思って、不立文字といいながら書物を書いている。前にもお話した『正法眼蔵』なんていう本は、それをいっているんです。いわんでもいい、あれ。あれがために随分迷わされている人がおる、言葉でね。一文不知の尼入道のほうがよっぽどそこに到達していることがあるんですな。

「節に中る」生き方をする

「中」というのは「あたる」と読むと前にお話ししましたね。これを「未発の中」に対して「既発の中」というんです。だから何も無いようだけれども、笑うべきことを笑い、怒るべきときには怒る。哀しむべきことは哀しむ。楽しむときには楽しむ。それでピントが外れないということが、「発して皆な節に中る」というのです。

何もおかしくもないのにケラケラ笑うてみたり、怒らんでもええのに怒ってみたり。そういうのはピントを外してる、節に中ってない。あれはちょっと異常というのであります。

ものには必ず節があるものです。この節は本来は竹の節からきたものであります。我々は、ずーっと無意識にこの節にあたっておるから、人から見ても異常と思われないんですね。我々の生活には、もういたるところに節があるわけです。それに常にでもたっているから、法律を少しも知らない人、いっぺんも『六法全書』を見たこともない人が、生涯警察から呼ばれることもなければ、誤った行いもしないのです。

ところが人間には、そういう節の中にも「小節」と「大節」というのがある。我々はしょっちゅう小節にうまくあたっておるから、人からも非難もされないで生活ができているわけであります。しかし、人間の生涯には、その節を外したら、その人を没にしてしまうという場合もある。そういう将来を左右するような大切な節を「大節」というのです。

ちょっと『論語』を見てみましょうか。

曾子曰わく、以て六尺《りくせき》の孤《こ》を託《たく》すべく、以て百里の命《めい》を寄すべく、大節《たいせつ》に臨んで奪うべからざるなり。君子人《くんしじん》か、君子人なり。【泰伯第八】

ここで「大節」という言葉が出てくる。これを踏み外したらその人間を台無しにするというような節がある。それに臨んでも奪うべからずで、どうにもできないんですね。そういう節がある。その大節にあたって、それに適当した反応をする。それが「節に中《あた》る」ということですね。

戦後日本は、大きな船がひっくり返ったように、国家がひっくり返ったわけですからね。みんな動転しました。生きて行くためには調子を合わせないといかんというので、自分の節を曲げた人が随分あります。心にもないようなことをして、流れに調子を合わせた。それは大節に臨んで奪われたわけであります。

今でも、あの人があのときにじっと我慢をしておいてくれたら、日本の国はここまでならずに済んだだろうと思うことがあります。

私は終戦のときに三十そこそこで、「なんとかしなくては」と微力を尽くしましたが、ごまめのはぎしりで、今日に至っているのであります。

世の中が変化すると「あの人は立派な人や」と思う人がコロッと変わる。大学なんかでもそうです。あの頃はマルクス主義が幅を利かし「マルクスを語らざる者は学者にあらず」という風潮で、「我も我も」と俄《にわ》か仕立てのマルクス主義者が大学の教授の中に出ました。

また、二十数万人は公職追放というのがありました。すると、うっかりすると追加追放になるから、そいつは逃れないといかんというので、もうコロッと変わった人がある。これが割合多かった。変えられない人は自殺しました。

まあ、今でも「あの人は聖人のような人だ」と人々からいわれる人の中に、一時的にコロッと変わった人がいました。こういう人がもし節《せつ》を曲げずに自重してくれていたらと思うわけであります。

中なる者は、天下の大本《たいほん》なり。和なる者は、天下の達道《たつどう》なり。中和を致して、天地位《くらい》し、万物育《いく》す。【中庸第一】

「中なる者は、天下の大本なり」。中という者は、世の中の根本になるものである。

「和なる者は、天下の達道なり」。その根本を表現していく、あるいは達成していくうえにおける道、これは達道である。

「中和を致して、天地位し、万物育す」。「致す」というのは、「究める」という意味です。

これを究めて、そして天は天、地は地、それぞれの位置をもち、それぞれの働きをして、すべてのものは生成化育する。

したがって、この『中庸』というものは、創造の原理を説いた書物なのであります。

先ほど述べましたが、その「中」がもっともよく実践的に日本に現れているのが「神道」であります。

皆さん方の中には『古事記』という書物をお読みになられた方もありましょう。その一番初めに、天地の初めのときになりませる神の御名を天之御中主命神《あめのみなかぬしのかみ》、次になりませる神を高御産巣日神《たかみむすびのかみ》、神御産巣日神《かみむすびのかみ》という。

一番初めに出てくるのが「中」のはたらきをもつ天之御中主命神です。そこからあとになって伊邪那美《いざなみ》・伊邪那岐命《いざなぎのみこと》という男女の神が出て、国を産み、そして万物を生成していくのです。

要するに、神道というものは、中国では「中庸」という一つの思想として表現されておるのですけれど、実践的なものとして現実に存続しておるのが日本である。この日本に神道があるがゆえに、世界の文化を吸収・統合・同化しておるのです。

イギリスのアーノルド・J・トインビーという、歴史研究で世界的に有名な人が晩年『日本の活路』という書物を書きました。戦後日本にも見えました。松下幸之助さんとも対談をしております。この人が『日本の活路』という本の中で、「日本人よ、神道を忘るるなかれ。日本人が神道を護持《ごじ》する限り、常に世界の先頭に立つであろう」ということを申しております。

「西洋にもアメリカにもない、日本の神道は万物を生成化育《せいせいかいく》していく根本である。あらゆるものを取り入れて自分のものにする、その根本の働きである。これを具有しているのは日本のみである」

と、こういうことをいっております。

そういうことで、日本は中国の文化もインドの文化も、あるいは西洋の文化も取り入れておるんです。しかも、それは単なる輸入ではない、自分のものとしておるのであります。

まあ皆さん、新聞を対比してみるといい。西洋の新聞、台湾の新聞、中国の新聞、韓国の新聞を合わせて見たら、日本の新聞ぐらい複雑なものはない。ぱっと開けたら横書きでタイトルが書いてある。次にその下に縦書きで記事が書いてある。横書きは左から右へ読むけども、縦書きは上から下へ、そして右から左へと読む。それが一つの紙面にあって、そこに漢字があるかと思うとカナがある。カナも片仮名と平仮名がある。そうかと思うとローマ字が入っているし、英語やなんかも入っている。

そんなものを大して複雑とは思わずに我々は誰もが読んでいるんです。不思議と言えば不思議である。その根本になっているのは「中」の精神である。神道というのが日本人の中に流れておるからだ、と。こういうことを一つおわかりになって、今後も神道について一層ご関心をいただければ、ありがたいと思います。

【第十一講】

孤独と不安

――人知らずして慍みず、亦君子ならずや

この講座も熱心な皆さんの御参加をいただきまして、あと一回を残すところまで参りました。私も大分呆けてきておりまして、自分でも意識するぐらいだから、人から見れば相当そういうふうにお感じになられると思います。まあ、その呆けた老人が一方的にたわごとのようにお話を致します。

まあ、それにもかかわりませず辛抱強くお聞きをいただきまして、誠にありがとうございます。

知られたいけれど知られない孔子の孤独感

ご承知のように、孔子は中国の春秋時代というときに生まれた人でございます。春秋時代というのは紀元前七七〇年ぐらいから紀元前四〇三年ぐらいまでを申します。その末期に生まれたのが孔子であります。前五五一年から前四七九年に生き、名は丘、字《あざな》は仲尼です。

周という国が興った当時、中国には千数百の小国があったわけです。それがだんだん吸収併合が進んで、代表的な十二の国に減ってきます。漢民族以外では呉とか越とかという国があって、それをあわせると十四か国ぐらいになる。

このような合併が進むにつれ、周という国の威力が衰えて参ります。やっぱり弱肉強食といいますかね、そういう部分が進んできて、道義的にも段々と乱れてまいります。

これをなんとかして健全な社会にしなければならんと、心ある者はみな感じたわけでありますね。だけれども、一人や二人では大きな流れを変えていくということは難しい。

当時の文化人といいますか、そういう人というのは大体弱いんです。いいことはいうけど、いざというときには弱い。それで結局、いくらいっても我々では駄目だというので、世の中を避けて田舎にこもる。いわゆる、隠者《いんじゃ》になってしまうわけです。

昔、「竹林《ちくりん》の七賢人」なんていう言葉を皆さんも聞いたことがあると思いますが、そのように、もう世の中を捨てて我は我で生きていく。人に迷惑をかけないけれども、益も与えんというような隠者的な生活をする人がだんだん増えてきた。

ところが、病人でも「医薬の効なきを知っても尽さずんばおかん」という。医者から手を離されても「さようか」なんていうような親はいない。特に子供が病気をしておるときには、何にすがってでもこれを助けずにはおかんというのが親の心情です。
大阪に石切神社というのがある。本来はデンボ（腫れ物）の神さん。こういう文明が進歩した世の中でも、ここへ行くとお百度参りをしている人が年中絶えない。しかも、その数が多い。中には寒いときに裸足で参っている人もある。なんとしてもわが子の病気を癒したい。「医薬の効なきを知っても尽くさずんばおかん」というね。これが親が子を思い、子が親を思う本当のものであると思います。

孔子は誰からも頼まれたわけではないけれども、道義の廃《すた》れた世の中をなんとかせねばいかんというので、生涯自分の身の程を顧みずに努力をした人であります。

子路《しろ》、石門《せきもん》に宿る。晨門《しんもん》曰わく、奚《いず》れ自《よ》りぞ。子路曰わく、孔氏自りす。曰わく、是れ其の不可《ふか》なるを知りて、而《しか》も之を為す者か。【憲問第十四】

石門というのは魯の町の外門ですね。中国はご承知のように、城壁といいますか、壁で囲まれておって、時刻がくると門が閉まるんです。だから子路は、どこか外から来て外門のところで宿泊したんでしょうね。

晨門《しんもん》というのは、朝、門を開く役人のことをいうんです。晨門が「どちらからおいでですか」と訊ねた。子路が「孔家の者です」と答えた。すると晨門が「あのだめだとわかっていながらも、なんとかしようと頑張っている人の家の方ですかな」といった。この辺では評判になってたんでしょう。できもせんことをしでかそうと、無駄働きのようなことをしてる「あの家の人ですか」と。

当時でも、「阿呆かいな」とか「できもせんことをやっとる」とこういうことだったわけです。それをあえてやろうとしたのが孔子であります。世の中から逃れようというのではなくて、世に出て大いに活動しようとした。でありますから、世の人に知られたいという心情はもっていたわけです。一人でも多くの人に自分の存在を知ってもらって、自分の考えに共鳴してもらおう。こういう気持ちがあったわけですね。そのことは次のところからもわかります。


朋《とも》遠方より来たる有り、亦楽しからずや。【学而第一】

自分を知ってくれる人が少ない。それが思いがけなく遠いところから、わざわざ自分を知ってやってきてくれた。なんと楽しいことではないか。

だから孔子は知られようと思っていたんです。

しかし、世の中はなかなかうまくはいかない。自分は真剣に思うておるけれども、それに共鳴してくれる人は少なかったんでしょうね。

人知らずして慍《うら》みず、亦君子ならずや。【学而第一】

これは一般的な表現ですけれども、孔子自身の体験的なところから出てきたものだろうと思います。やせ我慢のように聞こえますね。「人知らずして慍みず」いや、人は知ってくれんでも恨まんからといっているけど、ちょっと裏返すと、なんかやせ我慢を張っているような感じもせんわけでもない。

しかし、誰も恨むことはなしに、自分の為すべきことをやっていく。これはまたなんと立派な人物ではないか、とこういっております。

自分を知ってくれないからとヤケ酒を飲んでみたり、自暴自棄になる人もないわけではないけれども、知ってくれようが知ってくれまいが、自分のなすべきことをなしていく。これはなんと立派な人物君子ではないか、といっています。そういうことが『論語』の中にはいたるところにありますね。

たとえば次の箇所です。

子曰《のたま》わく、人の己を知らざるを患《うれ》えず、人を知らざるを患うるなり。【学而第一】

とも申してますね。また、次に、

子曰《のたま》わく、人の己を知らざるを患《うれ》えず、其の不能を患うるなり。【憲問第十四】

ここにも出てます。「其の不能を患うるなり」。本当は知られたいのだけれども、知られなくても憂えない。しかし、なんで知られないのか。それは不能であるから知られないんだから、しかるべき能あるように努力しなければいかん。こういうふうにいっております。

同じようなのが次のところ。

子曰《のたま》わく、君子は能《のう》無きを病《うれ》う。人の己を知らざるを病えず。【衛霊公第十五】

要するに、孔子は孤高を保っておったわけではありません。それは次を読めばよくわかります。

子曰《のたま》わく、我を知ること莫《な》きかな。子貢《しこう》曰わく、何為《なんす》れぞ其れ子《し》を知ること莫《な》からんや。子曰《のたま》わく、天を怨《うら》みず、人を尤《とが》めず、下学《かがく》して上達す。我を知る者は其れ天か。【憲問第十四】

先師が「私を知ってくれる者がいないねえ」ともらされた。子貢が驚いて「どうして先生のような方が世に知られないというようなことがありましょうか」といった。先師がいわれた。「私は知られないからといって、天を怨んだり人をとがめたりはしない。私は身近な低いところから学び、だんだんと天理にしたがって高いところにのぼってきたのだ。私を本当に知っている者は、まあ天かなあ」

自分はずっと努力をしてきた。これからも努力をしたいと思うのだけれども、本当に知ってくれるのは、これは天かなあ、とこう申しております。

そういうところから、孔子という人は孤独な感を持った人だったといわれています。

日常生活の眼目は「克己復礼」にある

今日は「孤独と不安」というふうに講題をつけさせてもらったわけでありますが、人間というものはもともと孤独なんです、人間そのものがね。そうでしょう。一人で生まれて一人で死んで行くんです。これは誰も代わりがきかん。

私と非常に親しかった人で、十数年、私の誕生日に必ず誕生祝を送ってくれた人があるんです。それがちょっと病気をしてるということは耳にしておりましたが、ちょうど五日前の火曜日の晩に、この人が二回も夢に出てくるんです。それより目が覚めてなかなか寝られんかった。

それで急いで見舞いに行きましたら、もうほとんど意識がありませんでした。多少は感覚があるようで、手を握ったらちょっと握り返すところがありました。半眼を開いていたから、ある程度はわかったと思いますけれども、その晩に亡くなっちゃった。まあ、これはやっぱり見舞いというのは早く行くもんやと思います。明日行こうとか、あさって行こうとかしてたら、これは待ってくれへん。

私の恩師の安岡正篤先生が、自分の友人が大阪で病気をしているというて来られて、見舞いに行きたいと。それで車を降りてから病院に直行しました。「先生、まあゆっくりされたらどうですか」というと、「いや、病気見舞いというのは早いほうがええんや」というて、さっと行かれたことがありますね。

その方は癌でした。奥さんはまさに一心同体でその世話をされたようですけれどもね、結局奥さんと一緒に逝くわけにいかんのです。旅立つのは一人。

だから、やっぱり人間というのは本来、生涯孤独です。そして今いうように、明日も知れない不安がある。考えようによったら不安な存在ですよ、これ。「一寸先は闇の世さ」というけど、まさにそうです。

人間は孤独と不安というものを、考えようによってみたら、みんなもってるものであります。それをもちながらそれを乗り越えて、いずれにせよ生きておるんです。

私も幸いに九十まで乗り越えてきましたが、決して不安がなかったわけではありません。病気もしました。病気をするというと、眠って翌日生きているのかなあと思う。翌朝目が覚めたら「おお、生きておった、儲けもんや」と。そして感謝と喜びが自然に湧いてきましたね。

こういうわけで、人間そのものが孤独であり、そして不安な存在であると思います。ましてや、会社の責任者である社長のような人々には、従業員とかというものとはまた違った孤独感とか不安感というのが常につきまとっておるんじゃないかというふうに思います。

孔子も孤独感というものを感じた。何か事をなさんとするような者は、みんな孤独感におちいるんですね。

吉田松陰などは、国法を破ってアメリカに渡ろうとして失敗した。誰から頼まれたわけでもないんです。そんなできにくいことをせんでもええやないか、じーっとしてたらいいもんですけども、彼は日本の将来というものを考えれば、こうせざるをえんと思ってやった。

伊豆の下田というところで米艦に乗ろうとして失敗をして、捕われの身となった。そのときに歌った歌があります。最初のほうでも紹介しましたが再度挙げておきましょう。

世の中の、人は善し悪し言はば言へ、我が成す事は神のみぞ知る

吉田松陰も「神のみぞ知る」といっている。神というのは天ということです。

坂本龍馬は、この吉田松陰の歌に触発されたのではないかともいわれておりますけれども、こんな歌を残しています。

世の人は、我を何ともいはば言へ、我が成す事は我のみぞ知る

この人は「神」と言わず「我のみ」というてる。

日本人の大部分は、最後は「神」とか「天」とかいうてますな。菅原道真公でも

心だに、誠の道に適ひなば、祈らずとても神や守らむ

と、やっぱり神というてます。

ところが、一休禅師はちょっと変わってます。

心だに、誠の道に適ひなば、守らずとてもこちゃ構はん

守ってもらわんでもよろしいと。これが禅の坊さんですかな。坂本竜馬と相通じるものがある。龍馬は、神に知ってもらわんでも我が知っている。一休さんは、守ってもらわんでもこっちゃ構わん。面白いところですけれどもね。

しかし、孔子は「我を知るものは天か」といっております。これは一面からいうと、大いなる孤独感を現したものでありましょうね。

元来、宗教の「宗」という字は、前にもお話ししました「本筋」という意味で、本筋の教えを宗教という。何の本筋かというと、「立派な人間となるための本筋の教え」をいうわけですね。

宗教というものは、自分自身を立派にしていく。完成していく。それが宗教の本来であります。そのために、いろいろの特殊な「行」とかいうものがある。

仏教でも、御称名《ごしょうみょう》を百万遍唱えるなんていう行がある。「称名百万遍」ですね。日蓮宗だったら団扇太鼓《うちわだいこ》を叩きながら、「南無妙法蓮華経、南無妙法蓮華経」と、寒い中でも寒行というようなのをやる。あるいは、滝に打たれるとか、いろいろな「行《ぎょう》」というものがある。特殊の方法というものをもっておるんです。理論と方法が確立したものが本当の宗教というものであります。

しかし孔子はそういう特別の「修行」とかいうものをせず、人間として当然やるべき日常生活をちゃんとする。これが下学《かがく》です。「下学して上達する」というのが孔子の考え方であります。普通のことを普通にずーっとやっていけば、それで立派な人になれるということですね。

顔淵《がんえん》、仁を問う。子曰《のたま》わく、己に克《か》ちて礼に復《かえ》るを仁と為す。一日《いちじつ》己に克ちて礼に復れば、天下仁に帰《き》す。仁を為すは己に由《よ》る。而《しこう》して人に由《よ》らんや。顔淵曰わく、請《こ》う、其の目《もく》を問わん。子曰《のたま》わく、礼に非ざれば視ること勿《なか》れ、礼に非ざれば聴くこと勿れ、礼に非ざれば言うこと勿れ、礼に非ざれば動くこと勿れ。顔淵曰わく、回《かい》、不敏《ふびん》なりと雖も、請《こ》う、斯《こ》の語を事《こと》とせん。【顔淵第十二】

孔子一貫の道は「仁」でありますが、顔淵という人は孔子の門弟の中で最も学徳のすぐれたお弟子さんであります。その顔淵が孔子の真髄とするところの「仁」について問うた。


先師が答えられた。

「私利私欲に打ち勝って、社会の秩序と調和を保つ礼に立ち戻るのが仁である。たとえ一日でも己に克って礼に帰れば、天下の人もおのずから仁になっていく。その仁を行うのは、自らの意志によるべきで、他人のたすけによるべきではない」

顔淵がさらに尋ねた。

「それではその仁の実践についての方法をお教えください」

先師が答えられた。

「礼にはずれたことは視ないように、礼にはずれたことは聴かないように、礼にはずれたことは言わないように、礼にはずれたことは行わないようにすることだ」

顔淵は言った。

「私はまことに至らぬ者ではございますが、今お教えくださいましたお言葉を一生かけて実行していきたいと存じます」


自らもよくし、世の中もよくしていくという、それを貫くものは仁であるが、それは自己自身に対しては私利私欲に打ち勝っていくことだ。社会生活を営むうえにおいては、秩序と調和を保つための礼というものに立ち戻ることだ。そういっています。

実に簡単なことをいっています。我々の日常生活を人から強制されてやるのではなくて、自分の意志によってこれを行っていく。こういうことをいっておるわけです。

これは今までもお話ししましたように、「克己復礼《こっきふくれい》」ということです。これが我々の日常生活の眼目《がんもく》なんですね。でありますから、特別の「行」的なものはないわけで、普通の生活をしておった。ところが一般の、特に若い人々から見れば、孔子という人は人格が高いし風格もある。だから、どうしてあんなふうになったのかと疑問を抱く者が随分多かった。

しかし、『論語』の中でも、しょっちゅう孔子はそれを打ち消しております。

わしは何も特別のことをしてるわけじゃない、お前さんらと同じことをしているのだ、と。ただ、酒も飲むけれども、乱に及ばずだ。お前さんたちと一緒に酒を飲んでも、お前らは早いこと乱れてしまう。わしも同じように酒を飲んで喜んでいるけれども、乱にならない、あるいは自分自身を苦しめるようなことはない。人が亡くなったと聞けば、葬式にも行ってお悔やみも述べておる。普通の生活をやってきた。ただそれをずーっと続けてきただけだ、と。

もっとも言うは易しで、ペースを狂わさずに行くということは実際は難しいです。だけれども、孔子はそれを続けたわけであります。

「しるし」が現れてくると「本気」になる

多少内容的には違うと思いますけれども、さっきの「孤独」という点においては、社長をやっておられる、あるいは新しい事業をはじめるというような場合、夢がありますね。この夢を抱く者というのは共通して孤独感というものを持っておる。なかなかはじめから多くの人々が自分に共鳴してくれるということは容易ではない。

我々は耳を三つ持っていますな。わかりますね。二つの耳、肉の耳が二つある。この二つの耳に口をあてていうと、小さな声でも聞き取ることができます。それが「囁」という字。他の人には聞こえないけれども、その人にだけは聞こえる。

もう一つ耳がある。これは心の耳で、「心耳《しんじ》」というんです。心耳が開きますと、声なき声が聞こえてくる。声なき声とはなんぞやというと、天の声、神の声である。そういうのが聞こえてくる。これも他の人には聞こえない。

大体夢をもつというような人は、心の耳の開いた人です。普通の人にいってもわからんが、自分だけにはちゃんと聞こえている。

だから、ベートーベンのように、肉耳を失ってから名曲を残したんですな。

これは、耳だけじゃありません。目もそうです。目も三つある。二つの肉眼と、もう一つ、心の眼「心眼《しんがん》」がある。心眼というものが開くと、形なき形が見えてくる。


本人には見えているし、聞こえているんです。けれども一般の人には話してもわからん。だから、これは孤独ですわ。孤独だけれども、人がわからんというても無いというわけではない。それを思い続けてずっとおるというと、それが形に現れてくるようになるんです。だから、そういうものが見えると、本気になる。本気というのは「元の気」「元気が出る」なんていいます。ところが、「むら気」とか「気まぐれ」とか、こういうのは、いつの間にか消えて行く。

「本気」「元気」というものがあれば、これは継続します。人がなんといおうとも、自分にはちゃんとその存在がわかっておりますから。


松下幸之助さんは、何か大事を思いついて、これをなそうと思うときには、「一万回の祈りを捧げることだ」といっていますね。一万回の祈り。祈りとはなんぞや。思うことである。そのことを思い続けること。一万回、これは気まぐれではできません。

もし一日に一回そのことを思うたら、勘定してごらんなさい、何年になるか。大体二十七年かかる。一日に三回思うたら九年ぐらい、一日に十回思うたら三年近くかかる。「石の上にも三年」という言葉もあります。一日、こいつをなんとかできるようにと思う。そうするとそれが形に現れてくるようになる。

ちょっと形に現れてくるようになると、人はこれを信用するようになります。人間というのは、何か物を見せないと信用しない。何かしるしが出てくると「あっ、やっぱりこれは現実だな」となる。それで「あっ、これならできる」というので、一般の人はそれに協力をするようになる。内側にあって外に現れないが、しかし隠れたる努力というものが、これを導き出していく。

そのことを松下さんはいっております。我々のようなのは一万回ではなかなか。十万回いうてもアカンというときもあった。あるけれども、少なくとも普通のことなら一万回も思えば、ということであります。

『中庸』には、松下さんが「一万回」といったことがちゃんと書いてある。

故に至誠は息《や》むなし。息まざれば則ち久しく、久しければ則ち徴《しるし》あり、徴あれば則ち悠遠なり、悠遠なれば則ち博厚なり、博厚なれば則ち高明なり。博厚は物を載する所以なり。高明は物を覆う所以なり。悠久は物を成す所以なり。【中庸第二十六章】

この「至誠」というのは本気だ。誠、これは同時に天の心でもある。この至誠というものが止まない。止めようと思っても止まずにずーっと貫いておったら、なんか形が現れてくる、しるしがある。そうすると、はるか遠くに広がって、そして広く厚くなって、段々と大きく高くなって、誰から見てもよくわかるようにもなってくる。そういうふうにすると、博厚というのは物を載せる所以である。高明は物を覆う所以である。要するに、悠久は物を成す所以である、ということになる。「悠久成物」という言葉がありますね。これは「至誠」がないと悠久にはならん。むら気ではいかん、ということです。

以前にも話しましたが、私の恩師で、会津出身で蓮沼門三という人がおりました。この人は、日本社会教育の先鞭《せんべん》を成した人であります。ご承知の方もあるかもわかりませんが、「修養団」というのを興した人です。二十四歳のときに興して、本年でちょうど百年になるんです。その百年の祝典が行われることになっております。

この蓮沼先生が、私のところにお見えになったことがあります。もう随分古い、昭和二十四年ぐらいのことであります。

私はこの先生に青年時代から随分ご指導していただきました。私が印刷屋の職工をしているときに訪ねて見えました。

先生は公職追放になって社会的活動を停止されましたけれども、修養団そのものは解散にならずに済みました。会津の故郷にこもっておったんですけども、どうもこもりきれんでまた世の中にひょこひょこ出てきて、私なんかのところにもおいでをいただいたりしたのです。

この蓮沼先生が昭和二十年十一月十五日に御前講演を命じられました。そのとき、陛下は四十四歳です。終戦直後ですから、いろいろ悩んでおられたでしょう。陛下ぐらい孤独な人はないと思う。まあ、そのとき、世の中はひっくり返っていましたからね。特に共産党を先頭にして、天皇制廃止論、天皇戦犯説が渦巻いている時期です。獄舎につながれていた徳田球一だとか志賀義雄といった人たちが獄舎の中から出てきて、自由放題にしていました。そりゃあ陛下は不安だったでしょうね。

そういうときに御前講演を仰せつかった。そのときに陛下から、「共産党をどう思う」とご質問があったんだそうです。そしたら蓮沼先生は言下に、「共産党といえども、陛下の赤子《せきし》です」と。そして、「やがて陛下の御徳になびいてくることでございましょう。幸いに私の事務所は共産党の事務所とほんの近くにありますから、どうかご安心ください」といった。楠木正成じゃないが、「正成一人いまだ生きてありと聞し召され候はば、聖運必ず開かるべしと思《おぼ》し召され候へ」といったところです。

それを聞かれて陛下は大変にお喜びで、その次、その次と質問が出てくる。この先生はなかなか天衣無縫な人でしたから、「はっ、はっ」と我を忘れて前へ進みよった（笑）。それで双方が顔と顔をつき合わせるようになった。まさに「咫尺《しせき》の間《かん》」というのはこれや。それで二十分の予定が四十分になったそうです。いまだかつて御前講演で時間を超えたことはなかったそうです。

そういうときでもじっとしておれんで、ひょこひょこ会津から出てこられたんですね。

これは国を思う一念、本気だ。

この蓮沼先生、面白いんですわ。私が戦後、先生の家を訪ねた。目黒区の洗足《せんぞく》というところ。その家だけがぽつんと残っている。周囲は全部焼けているんです。不思議に思いましてね、「どうしました」と聞いたら、そこの家族がいわれるには、「お父さんがな、空襲警報がきたのだけども家から出ませんのや。それで箒《ほうき》を逆さまにして大祓《おおはらえ》いの祝詞《のりと》をあげていた。年寄りを一人残して家族が防空壕に入るわけにもいかんから、みんな残っていた。そこに焼夷弾が落ちてきた。屋敷の中にも落ちた。それをみんな摑んで外に投げ出した。それで助かりましたんや」と。

大祓いが効いたのか、それはわからん。わからんけれども、驚きましたね。

しかし戦争が終わって、敗戦の詔勅《しょうちょく》を受けたときには三十分ほど気を失ってたということを家族から聞きました。やっぱりそれだけ思うとったんだね、国をね。

大阪ではね、大阪の天満宮がぽつんと焼け残った。周囲は全部焼けた。ここには宮司《ぐうじ》がおりまして、焼夷弾が落ちても逃げなかった。職員はみんな残って焼夷弾を拾って外へ投げた。焼夷弾というのは落ちてからしばらくして爆発するんです。だから、爆発する前に外へ投げた。それで周囲は全部焼けたけど、塀一つ崩れていない。

戦後になって安岡先生を大阪に迎えて講義をすることになっておったのだけど、場所がない。はじめはかしわの水炊き屋に共鳴者がおりまして、そこでやりましたら超満員になってしょうがない。大阪でどこかないかなと思って探しておったら天満宮があった。聞いたら、それを快く貸してくれまして、長い間そこで講義をするようになりました。

もっとも、そこの宮司は安岡先生の先輩になります、中学校のね。そのことはあとで知ったんですが、そんなお陰もあって、おおかた百回近くは会場費無料でやりました。話が逸れましたが、蓮沼先生はそういう人でした。

この先生が、事を成すときには「こうやぞ」と私にいってくれたのが、

「点点相連ねて線をなし」

「線線相並べて面をなし」

「面面相重ねて体をなす」

という言葉です。これは「至誠は息《や》むなし。息まざれば則ち久し、久しければ則ち徴《しるし》あり、徴あれば則ち悠遠なり、悠遠なれば則ち博厚なり、博厚なれば則ち高明なり」と同じことですね。

『中庸』は今から二千四百年も前のものでありますけれども、昔も今も、事を成して行くうえでは変わらない。しかもはじめは孤独だ。その孤独なのが、むら気ではない元気を出して「点点相連ねて線をなし」「線線相並べて面をなし」「面面相重ねて体をなす」とやっていく。こういうことであります。

君たることの難しさを知る

孔子という人は生涯努力を続けた人だけれども、生きているときには遂に本当の共鳴者を得なかったといいます。五十歳から五十五、六まで政治に携わって、総理大臣の代行までやりましたが、既成勢力に阻《はば》まれてそこを去り、十三年間、各地を巡るんです。「天下をして平安な社会を」という夢を描いておりましたけれども、どこにも彼を認めてくれる人はなかった。

そして六十八歳にして老体――その時分は六十八歳は老体です――で帰って、静かに天下後世のために書物を編纂《へんさん》したり、まだ本当に若い二十歳前後の青年に教えたのでありますす。

我をもっともよく知る顔回は死して今はなしというが、しかし、幸いにして曾子という、まだ二十六歳の青年が孔子の心を読み取ったといいますかね。それが後世に伝えるようになり、それからずっといろいろの経緯はありましたけれども、今、日本でも孔子は知己《ちき》を得ているわけですな。

私は何もこれを孔子から頼まれて孔子の話をしているわけではないんで（笑）、勝手にしているわけです。しかし、孔子を知る一人であるかもわからん。皆さんもまさにこれを学ばんとしてるのだからね。

そういうことで、二千五百年の今日まで孔子を知る人を介して、孔子の教えが、限りなく続いてきた。これからも続いていくことでしょう。

実現できるかどうかわからないし、人も理解してくれない。そういう道を突き進んでいく者には不安感があります。その道を蓮沼先生のように、本気で突き進んでいける人はなかなか少ない。途中でくじける人もないわけではない。絶えずそれは不安感がある。大きな希望をもてばもつほど、その不安感は大きいと思う。その不安感を克服していくことができるかどうか。これが重要なことであります。

こういう言葉がありますね。

「愚者は溺《でき》を恐れて自ら投ず」

馬鹿者は溺れることを恐れて自分から飛び込んだ、という意味です。断崖で下は海、波が荒れている。それを見た瞬間に恐れてしまって、脚がぶるぶる震えて落ちてしまった。こういうケースがようあります。

そんなところにあっても泰然としておれるなら、偉いものだ。そりゃ綱渡りをする人もおるが、あれは何も綱を渡ってるつもりはないんです。普通の平地を歩いているつもりで渡り歩いているのですね。

私はね、高いところを恐れるところがあるんですわ。なんでそんなことになったかというと、神罰が当たってるんだと思うてます。それは何かというと、日本で一番高いという那智の滝がありますね。若い時分に、禁をおかしてあそこの滝の上に登った。そうして何もなしに下を覗いた。百数十メートルの滝つぼを見たそのときに、ぞーっと来た。それから高所恐怖症になった。もうそのことを思うだけでも、股のところがぞーっとしてしまう。そういうことで、不安というものが高じると、落ちんでもええのに落ちてしまう。これに耐えていかなくてはいかん。危険なところにあっても、泰然としていけるようになったら、これは大したものだ。

だから、事を成した人は不安を越えた人ですよ。

松下さんの話はよく出ますけど、私は松下さんとは昭和二十二年からのご縁です。晩年に至るまでですから随分長い。何も商売とかいうものではないけれどもね。

松下さんはしょっちゅういうてましたね。

「経営者というものは、絶えず危機感をもつことや」と。「これでええんやと安心してたらいかん、危機感を持って何事にも接していくことが大切だ、特に経営者は」と。

『論語』の中にも、ちゃんとそういうことをいうてくれてます。

子曰《のたま》わく、之を如何《いかん》、之を如何と曰わざる者は、吾之を如何ともする末《な》きのみ。【衛霊

公第十五】

先師がいわれた。「これはどうしよう、これはどうしようと常に自分に問いかけないような者は、私はどうしようもない」

これですよ。こんなものは朝飯前だとか簡単にいっている。そういう人は得てして大いなる失敗を招くことになる。「之《これ》を如何《いかん》、之を如何」という者でなければ、私にはどうにもしようがない。

これが松下さんのいう「絶えず危機感を持つ」ということと相通ずるものです。

皆さんはおそらくそういう危機感を常に持ちながらそれを踏み越えて今日に至っているのだろうと思います。親父から会社を譲られたもので「そんなもの大丈夫や」と、こういう人は危ないですね。

定公《ていこう》問う、一言《いちげん》にして以て邦《くに》を興《お》すべきこと諸《これ》有りや。孔子對《こた》えて曰《のたま》わく、言《げん》は以て是《か》くの若《ごと》くなるべからざるも、其れ幾《ちか》きや。人の言に曰わく、君たること難《かた》し、臣たること易《やす》からずと。如《も》し君たることの難《かた》きを知らば、一言にして邦を興すに幾《ちか》からずや。曰わく、一言にして邦を喪《ほろ》ぼすべきこと諸《これ》有りや。孔子對えて曰《のたま》わく、言は以て是くの若《ごと》くなるべからざるも其れ幾《ちか》きや。人の言に曰わく、予《われ》君たるを楽しむこと無し。唯其の言うことにして予に違《たが》うこと莫しと。如《も》し其れ善にして之に違うこと莫くんば、亦善《よ》からずや。如《も》し不善にして之に違うこと莫くんば、一言にして邦を喪ぼすに幾《ちか》からずや。

【子路第十三】

この「邦（国）」というのを会社に置き換えて考えてみればいいと思います。定公というのは、魯の君主。孔子をよく理解した人であります。

魯の君主である定公が「一言で、国を興隆させるような言葉はないものか」と尋ねられた。

先師が答えられた。

「適当な言葉でないかもわかりませんが、それに近いものがございます。昔の人の言葉に『君となることは難しく、臣となることも容易ではない』というのがございます。もし君が君らしくすることの難しさを知るならば、一言で国を興隆させるに近いのではないでしょうか」

さらに定公は「一言で国を亡ぼすというような言葉はないかな」と尋ねられた。

先師が答えられた。

「適当な言葉でないかも存じませんが、昔の人の言葉に『自分は君主となってもなんの楽しみもないが、ただ自分のいうことに対して、さからうこともなく、よく従うのが楽しみだ』というのがございます。もし君の言葉が善で、さからうものがなければ、それで結構でございますが、もしも言葉が悪いのに、さからうことがなければ、一言で国を亡ぼすということに近いのではないでしょうか」

慎重にかまえて、君たることの難しさを知るということが興隆の条件だと、ここではいっておるわけです。

これはよくありますな。子供が、「親父やお袋は古い。早く辞めて、私が代わってやったらもっとよくなる」と、えらい息巻いて、親父が亡くなった途端に大きな顔をして二代目を継いで、しばらくして倒れてしまったというのがよくあります。

「社長になりたい」といって、社長の難しさを知らない。お山の大将を決め込んで、自分におべんちゃらをいうような若い人ばっかりを自分の周囲に置いて、親父の時分から非常に協力をしてくれた古い社員を辞めさせていく。こんなケースは割合多いですな。

「三年父の道を改むること無くんば、孝と謂《い》う可《べ》し」というのが『論語』の中にあります(学而第一)が、少なくても三年ぐらいはじっとそのままの体制で、親父のやったことを見て、その次に自分の色を出すのはいいけれど、親父が亡くなったのをいいことにして「俺は社長や」となるのは危ないですね。

去年だったか、九州で若い二世の実業の経営者に話をしました。毎年一回ずつ九州に行きますが、一昨年、「三年、父の道を改むること無きは、孝と謂う可し」というところを一緒に素読した。そのあとで若い人が「急に親父が亡くなって、どないしたらいいかと思っていたけれど、あの一言で、三年はじっとしておこう、そして先輩諸氏のいうことをよく聴こうという気になりました」といいました。そして去年行ったら、「あの言葉のお陰でなんとか落ち着いてきました」とえらい喜んでいました。

だから、「社長」というような名前に幻惑されるというのは危ない。「一言にして邦を喪ぼすに幾からずや」ということであります。

これはさっきの「不安」ということと関連したものであろうと思いますね。

『論語』というのは、昔から別名を「円珠経」と申しております。普通、鏡というのは平面しか映しません。円い珠というのはどこからでも映し出されるものですね。即ち人生万般の鏡となるような、そういう言葉が盛られた書物ということであります。

個人として、あるいは社会人として、またそれぞれの立場において、適切な言葉が盛られておる。だから、そういう立場にある人がその言葉に触れると、これは大きな功徳《くどく》を得ることになりますね。

そういうことで、熟読されるということが非常に大切ではなかろうかと思います。

【第十二講】

『論語』と現代

――『論語』を活かして生きる

いよいよ最後の回となりました。今回は「論語と現代」というテーマで、この現代において、いかに『論語』を活かしていくかというお話をしたいと思っております。

年齢に込められた意味を知る

中国に『曲礼』という『礼記』の一篇がございます。「曲」という字は「くわしい」と読みます。細かく詳しく礼のことを説いたものです。

この間、紀宮様《のりのみやさま》の「結納《ゆいのう》の儀・納采《のうさい》の儀」というのがありましたが、あれをはじめからずーっと見ていますと、全部この「曲礼」にのっとってやっておる。日本というのは不思議な国で、中国のいいものは、こういう文明社会になりましても存続しているんです。「平成」と年号が改まった年に、私が昵懇《じっこん》にしていただいております孔子七十七代の直系で孔徳成先生という台湾にお住まいの方の長男が急に亡くなりました。それで、私は葬儀に参ったことがございます。

そのときに台湾の孔孟学会の方々と一席、語り合う機会がありました。向こうの学者から、「年号が『平成』と改まったそうですが、あれはどこからきてますのか」と聞かれたので、私は、「これはあなたの国の古典から出ておるんです」と答えました。年号というのは、中国が最初であります。そのあと朝鮮も、今のベトナムも、みな年号を使っている。日本はだいぶ遅れてから年号を使うようになりますけれども、現在年号が残っているのは日本だけです。

しかも、「平成」という年号は『書経』という書物の冒頭にある「地平天成・地平らかにして天成る」からとっている。また、『史記』という書物には「内平外成・内平らかにして外成る」ともあります。

だから、「あなたの国の古典からこれを選んでいるのですよ」といったら、向こうはびっくりしておりました。彼らは既にそういうものを打ち忘れているようなのに、日本はこれを残しておるんです。外国文化を取り入れながら、その善きものはずーっと存続させているところが日本のすばらしさです。

しかし逆に、悪いところは長い間のうちに排除しています。たとえば、日本には「革命」というのはない。中国は「易姓革命」といって革命につぐ革命を繰り返してきた国でありますが、日本は万世《ばんせい》一系の天皇を二千数百年続けてきた。それで「革命」といわず、常に「維新」といった。この「革命」というのを日本は受け入れずに今日まできたのであります。

その『曲礼』の中に「年齢《とし》」のことが書いてあります。

三十の年を「壮《そう》」という。
四十を「強《きよう》」という。
五十を「艾《がい》」という。
六十を「耆《き》」という。
七十を「老《ろう》」という。
八十、九十を「耋《てつ》」という。
そして、百を「期《き》」という。

こういう分類をしております。他の名称をつけたものもありますけれども、これが一般的であります。

三十は「壮」で、盛ん。四十の「強」というのは心身ともに強力ということであります。

四十というのはやっぱり強い。五十の「艾」の字は本来「よもぎ」という字ですから、髪がよもぎのようにちょっと白髪交じりになる。ロマンスグレーといってもいいですが、これを五十という。

そして、六十は「耆」で、ここで「老」という字がつく。けれども、この耆は非常にいい文字なんです。この文字は「老」と「旨」を合わせたものですね。「旨」という字は「うまい」という意味です。「旨い」というのはどういうのかというと、五つの味をミックスした、たとえようのない妙なる味のこと、デリケートな味のことをいうんですね。甘いとか、酸いとか、そういう単純な味ではない。それらをミックスした味を「旨い」という。この字はなかなか良くできていますな。

これに手ヘンをつけると「指」という字になります。指の先というのは非常にデリケートな感覚を持っている。昔のお医者は「手当て」といって手で病気を診断しましたが、この指先というのは非常にデリケートにできています。

今度はこれに魚ヘンをつけたら「鮨《すし》」という字になる。「鮨」というのは、いろんな味をミックスして、たとえようのない味となる。口ヘンをつけると「嗜《たしな》む」という字になる。同じ味わうにしても、嗜むというと非常な深みをもちます。

「耆」というのは、そういう意味です。だから六十にもなるというと、人生の体験を積んで、甘いも酸いも経験をして、なんともいえん人間の風味が出てくる。若いときにはない、本当のその人の味というのができるのは六十頃です。だから、「耆」の下に「徳」をつけると「耆徳」という。六十を過ぎると「耆徳」という徳ができる。その徳を大いに世のため人のために普遍しうるということで、本来からいうと、本当の人生は六十からです。

ところが現代を見ると、だいたい会社でも六十は定年。これからというときに、これはまあなんという不経済、もったいないことだ。団塊の世代がぼつぼつ六十に入るんですな。これをうまく活用しなければいかんのに、邪魔者扱いにするようでは残念なことです。

そういうことで、六十にそういう味が出るためには、やはり四十、五十代にしゃんとやっておくことが大切なんですね。六十になったからといってポンと出てくるものではありません。成功もし、失敗もし、いろいろの経験を積んで「耆」というものにつながるわけです。

七十は「老」です。「老」という字は「ヒ」と書いてありますが、あれはもともとは腰が曲がるという意味。もう一つは髪が変わるという意味もあります。もう五十になったら髪に白いものが混じってくるが、七十になったら相当変わる。そういうふうに、今までの原型が変わっていくという意味もあるわけです。そういうところから「老」というのは衰える——「老衰」なんていうし、そして「朽ちる」——「老朽」なんていう言葉ができたりします。

しかし、悪い面ばかりではありません「老《ろう》」という字は「練《ね》れる」という意味がある。「老練」ですね。あるいは、「熟《う》れる」。これは「老熟」です。そして「熟練」なんていう言葉ができる。年を取るにしたがって、体力的には衰えていくかもわかりませんけれど、人間的には熟れてくるということであります。本当の味はこの辺から出るんでしょうな。

それで八十、九十の「耋」になると「老の至る」と書いている。これと相通じるものに「毛」を書いて「耄《もう》」という字があります。「老耄《ろうもう》」なんていう。「耄碌《もうろく》」というのもあるが、これには段々物忘れがひどくなって、「ちょっと愚か」という意味もある。

そういう点からすると、私などはまさに「耋」なんです。耋だから物忘れはひどうなるし、まさに耄碌して、自分から「年寄り」というようになる。なかなか、自分で「年寄り」とは言い難いものですよ。

ある婦人に、ちょっと年を取ってから「おばあちゃん」というたら、えらい怒りよった。「おばちゃんといいえ」とえらく怒りよったおばあちゃんが、いつの間にやら自分から「おばあちゃん」というようになった。自覚をしよったんやな（笑）。もう、我々は自分から「おじいちゃん」というたって、なんの抵抗もありません。段々変わりはいたします。

そして百歳のことを「期」というんですね。「一期一会《いちごいちえ》」という言葉がありますね。今、一般にはお茶なんかでよく使われる。一生のうちで会うということは一度であるかもわからん。だから、その一期一会ということを心得て、そのときそのときに心から相手をもてなすように、というのがお茶の心ですな。だから「期」というのは「一生」といってもいい。

この百から先については何もいってないんです。だから、当時としては百が一番上のようなのでありましょうね。だから、これは「期《ご》」とも読む。一生の終わりの「最期」の場合にはこの「期」を使います。

なんのために学問をするのか

ところが孔子さんは、「十有《ゆう》五にして学に志《こころざ》す。三十にして立つ。四十にして惑《まど》わず。五十にして天命《てんめい》を知る。六十にして耳順《みみしたが》う。七十にして心の欲する所に従って矩《のり》を踰《こ》えず」と自ら述懐しておられます。

これは既にお話もしました。しかし、孔子さんは七十三で亡くなったものですからね、このあとをいうてないんです。まだあるはずや。これを誰が補うか。補ったといったって、自分が補っても人が認めなければいかん。孔子さんが八十、九十、百まで生きたら、どういうふうに変わっていたか。

私も九十になりまして、孔子は何といわれるだろうかと、その言葉をときどき思う。

けれども、もう百歳というのは、そう珍しくもなくなりましたね。九十九を「白寿」といいますが、百の声を聞くのも珍しいことではない。百を過ぎると百十一歳は「皇寿《こうじゅ》」という。天皇の「皇」という字。「皇」というのを字引きを引いてご覧なさい。これには十幾つかの意味があるんです。日本でいうたら「天皇《すめらみこと》」というように「君」とか「天子」とかいう意味も表しますけれども、「華やか」とか「大きい」とか「荘厳」とか、いろんな意味がございます。これからは「皇寿を祝う」というようなことも決して珍しくなくなると思います。

私はちょうど九十になりましたけども、この頃は葬式に行くことが随分多くなりました。去年は私より一つ下の親友であった二人が亡くなりました。その他、葬式が増える一方、しかもほとんどが前途有為《ゆうい》な後輩です。それで山から下りてきたものだから、聞いたら葬式には行かないわけにはいかんし、思いがけなく多忙になっています。

どうしたことか、そういう中にあって、私のように耄碌しかけておるのが、あとに残されておる。えらい申し訳ないような気がするんです。けれども、その耄碌した私がこうして、引っ張り出されて皆さんのようなお若い方々とお目にかかれる機会を与えていただき、それで私は皆さんから実に限りないバイタリティーを受けています。これは有り難いことです。それがちょうど一年。それで、もうお役御免かと思うたら、また来年もということになりました。人生はまことに不思議ですね。

それで私はしみじみと『論語』を思い出した。

子、漆雕開《しっちょうかい》をして仕えしめんとす。対《こた》えて曰わく、吾斯をこれ未だ信ずること能《あた》わず。子説《よろこ》ぶ。【公治長第五】

先師が漆雕開に仕官をすすめられた。ところが漆彫開が答えていった。「私はまだ仕官するだけの自信がございません。今暫く先生の許で勉強させてください」。先師が喜ばれた。

この時分も孔子の門に入る者は、学問をして、そして就職する。その就職の手段として孔子のところで学んだ者が多かったんでしょう。これは今とあんまり変わりません。大学になんで入るかといえば、就職をするためだ。大部分はそうでしょう。

だから、孔子も、「随分勉強もして実力もついてきたから、もうぼつぼつ就職してはどうか」といわれた。すると、「いや、私はまだ仕官するだけの自信がございません。今暫く先生の許で勉強させてください」と答えた。仕官というのは今でいうと就職ですね。それで孔子が喜んだというのです。本当に純粋に自分のために学問をしようという人は、孔子の時代にも少なかったんでしょうね。だから孔子は喜んだ。

『論語』の中に、「学問は人のためにするのではなくて自分のためにするんだ」と孔子がいっているところがあります。

子曰《のたま》わく、三年学びて穀《こく》に至らざるは、得易《えやす》からざるなり。【泰伯第八】

先師がいわれた。「三年熱心に学んでなお仕官を望まない者は甚だ得難い人物だ」

だいたいこの時分は三年というのが一つの区切りだったんですね。そこで熱心に勉強しながら「まだ足りません」といって仕官を望まないというのは甚だ少ない。

ところが、最近出たある『論語』の解説書を読みますと、全く逆のことを書いているんです。「穀」を「給料」ととって、「三年一所懸命勉強して給料をもらえない、つまり就職ができないような者は甚だ少ない」といっている。これも意味がないわけでもないと思うけれども、私は前者の説をとっておりました。二つの解釈があるわけでございます。

昨日のあるホームページに載っていました。ある大学の教授が、自分の研究室に行ってみたら扉に何か貼り付けてある。小さな文字で書いてあるのを詳しく読んでみると、「実は割合いい会社に就職ができたけれども単位が足らないので卒業できない。なんとかしてくれ」という手紙だった。そして、なんとかしてくれというて、教授に自分のほうに連絡をくれと携帯電話の番号まで書いとった。なんたる失礼だと、この教授は書いておった。

こんなのがおりますわ。まだ卒業できない先から就職を急いでね。今はだいたいそうなってますな。大学の最後の年なんかは学校へ行くよりも就職運動をやっとる。だから、あれはだいたい四年やったら三年しか行ってないのと同じようなものです。本当の意味の学問をしたということが大変少なくなってるんです。これは学問をするというよりも就職というものが先行しているわけです。

武をもって天下を取り、文をもって治める

まあ、日本というのも今年は敗戦六十年を迎えて、いろんな国際情勢の難題が続出してきていますね。そして先送り先送りとしておる。国土の問題なんかでもそうです。竹島にしろ、尖閣《せんかく》諸島にしろ、北方領土にしろ、どういうことになるか。よその国はみな立派な国だから攻めてくる国はおらんだろうといって軍備を撤廃している。憲法の前文にもそのことが書かれてある。よその国はみな立派や、あかんのは日本だけやとね。それを真に受けて、あまりにも自虐的な言い方する人が多いですね。その憲法問題ひとつにしましても、改革するについては異論百出です。「まだ何年か先だ」といっている。

私の恩師で里見岸雄という人がおりました。国体憲法学の大家です。私もそこで学んだのですが、昭和二十二年に憲法が発布されるというその日に、橿原《かしはら》神宮の前で憲法改正の大会を開いたことがあります。

決してそういう声がないわけではありませんでしたが、今日までうやむやにしておるう

ちに、なんとも自分でもわからないような国になってしまった。怒ることすらできんような国になった。これは教育基本法にしてもそうです。改革しなければならんということが最近はいわれるようになりましたが、どういうふうに改革したらいいのかという具体的なことになると急に行き詰まるんですね。

今の教育基本法というのはミネラルの入らない蒸留水です。水には変わりない。間違ったことではない。ないけれども、蒸留水というのは飲料水には適当せんのです。飲料水というのは、ミネラルが入っているということでしょう。やはり日本人には日本の歴史伝統の上に立った、いわゆる日本人のものの考え方というのがある。アメリカにはアメリカのそれがあるはずであります。アメリカのそれが必ずしも日本に適当するとはいえません。

我々は誠に力乏しくして、これをまだよう改善せずにおるところで、いたずらに長生きをしておりまして誠に残念であります。が、この六十年を期に、敢然として一大変革をやるべきときが来ておると思います。

ただ、はじめにも申し上げましたように、日本は「革命」ということをとらずに「維新」という行き方をとってきた。「維新」とは「維《こ》れ新た」と書いてありますが、「維《こ》れ」

は接頭語です。「新た」という意味について四書の『大学』の中では「周は舊邦なりと雖も、其の命維れ新たなりと」という古文を引用しております。いわゆる「日々に新た」。日々新たにして遂には大きな変革をしていこうというのが、維新の意味であります。

憲法を改めようと思ったらクーデターをするのが一番早い。ポーンとやって憲法を廃止、それで新たな憲法をつくったらいい。だけれども、それをせずに改めようとしますというと、やっぱり日がかかる。今の気運というものをずーっと高めて、そして荒療治をせずに変革をしていく。この気運を忘れないようにするのが大事であると思います。

皆さんは日々現実の上に立ってご苦心をしておられるのであるから、現代の状況を私が説くよりも皆さんのほうがよく把握されておると思います。私はまだ山から下りて三年目ですからね。誠に現代を語る資格はあまりないかもわかりませんが、『論語』の中にも「故《ふる》きを温《たず》ねて新しきを知る」というのがございます（為政第二）。「温故知新《おんこちしん》」。現代を知ろうと思えば、あるいは将来を徹見しようと思ったならば、過去を知らなければならない。その過去を知ることによって現代と将来を知ることができる。というのが「故きを温ねて新しきを知る」ということです。

今、日本は、我々が意識するかしないかにかかわらず、まさに乱世といってもいい。我々のこの周囲に起こるいろいろな人間関係を見ましても、もう常識を逸することが多いですね。

一つ挙げれば、学校の先生が偽札を作っておったという。それで先生が首になった。そして校長先生が児童の前で「そういうようなことをしてはいかん」「先生のようなことをしたらあかん」というてる。教師が反面教師のようなものや。どういうことです、これ？　しかしこれが現実です。

それにしても分別があろうと思われる五十幾つの人が、自分の親や子供、孫まで殺しています。どういうことになります？　学校なんて昔は楽園ですわ。一番安全なところは学校であったはず。そして子供たちは楽しんで学校へ行けた。今のように登校拒否なんていうのは昔はなかったんですよ。それが今、学校へ行くのを拒否するようなのが随分多い。こういうことになってきておるんですね。

中国にも今から二千四百年余りから二千二百年余りの間、約二百年間、戦国時代というのがございました。孔子さんはその前に生まれた人です。孔子が理想としたのは、周という国のはじめですね。これはよく治まったという。その周の国が興ったのは三千百年も前のことでございますが、その頃には約千八百の小さな国があったんですね。それを統一したのが周のはじめであります。これはみな心から服したということになっています。

しかし、数百年するうちに段々また緩《ゆる》んできまして、周という国も堕落し、外圧もあって都を東のほうに移さなければならなくなった。それから二百年近く、春秋時代というのが続く。その春秋時代の後期に出てくるのが孔子であります。そのときには既に千八百の小さな国が十二か国になっておったんです。

そして、その中の一つである魯という国に孔子は生まれたというのであります。なんとか周のはじめのようなよく治まった世の中にすることを夢見ながら、それに心を打ち込むわけでありますね。けれども、孔子の教えは実はどこに行っても受け入れられなかったんです。そして孔子が亡くなって数十年して、いよいよ戦国時代に入る。

戦国時代というのは、理屈の通らない時代であります。力がものをいう時代になる。その力を背景にしていく生き方を「覇道《はどう》」という。そして覇権を得ようとする国が戦国時代になりますと、十二から七つに絞られます。戦国の七雄《しちゆう》というて、その七つの中で最も強大なのが秦という国であります。

そこで、秦と個別的に仲良くするか、あるいは他の六国が協力をして秦に当たるか、こういう論説が出て参ります。合縦連衡と申しますけれども、そういう動きが起こってくる。しかし、いずれにしろ、力というものを背景にしなければならんのです。

その力を得るためには、まず国を富ます「富国」が大切だ。では、国を富ましたらどうするかというと、その富の力をもって兵を強くする、軍備を増強する。「強兵」。この力によって弱いやつを併合して国を強く大きくして行く。これが「覇道」なんです。

だから、この時代にはどうすれば「富国強兵」になるかということを説き出す学者が続出したわけです。どんな方法で国を富ませ、兵を強くするか。それが諸子百家です。諸子は諸先生、百家というのは沢山の専門家ということです。

その中で孔子の流れを汲んで戦国時代に出たのが孟子であります。孟子は要するに、富国ということはいいけども、やっぱりそのために仁義というもの、道徳というもの、これを基本にしなければいかん、ということを説き続けました。いわゆる「富国有徳」です。

財ができたら兵を強くするのではなくて、その財の力をもって大いに世のため人のために尽くして徳を積んでいく。そういうことであるなら大いに富国はよろしいし、経済を大いに発展させることもまたよろしい。孟子はそういったのです。

一時、それがよく人々の口に乗りました。ところが、最近はあまりいわなくなりましたね。

今、富国強兵の代表はアメリカでしょう。アメリカはその経済力で軍備を拡張しておるでしょう。中国もそうです。経済が発展したと思うたら軍備拡充をやっとるんです。両大国が富国強兵をやっている。それで、兵が強いがゆえに、弱いものに対して力でもって屈服させようとしておる。アメリカの自由民主主義の思想を世界に広めるんだというのはいいとしても、聞かない場合には力で行くぞ、と。これを現実にやっているのがアメリカです。

日本は真珠湾を先制攻撃したといって、アメリカは日本はけしからんと非難した。それが今や先制攻撃を認めるといっているのがアメリカだ。そうでしょう、自分の国を守るためには。

中国もそうだ。兵を強くして、もし台湾がいうことを聞かない場合には武力で行くといっている。しかもそれを法律で決めるというところまできているんです。これはどういうことになりますか。我々日本だけの問題じゃないです。人間は第一次世界大戦、第二次世界大戦を経験してきた。皆さんの時分になると第三次世界大戦が勃発しないとも限らない。西暦でいえば二〇一四年というのが大きな変革の時期に入るという説もありますね。

中国の戦国時代は、結局最後は秦の国に統一されます。そして秦の始皇帝が中央集権を確立して、一大帝国をつくったんですね。一応は治まったことになるけれども、始皇帝が亡くなると六年を待たずにその大帝国は滅亡をするのであります。

ところが、跡を継いだ漢の国が一転して「武をもって天下を取り、文をもって治める」という行き方をとった。その文とは「孔子の教」です。そのときに起こった学問が日本に伝わってきて「漢学」といわれるのであります。

日本もそうですね。織田信長が戦国時代の末期に武力統一しかけた。ついで豊臣秀吉を経て、徳川家康が出て、天下を統一した。そして漢と同じように、武を以《もっ》て天下を取り、文を以て治める。特に徳川家康は『論語』を非常に勉強をしております。そこで『論語』の精神で国を治めていこうというふうに転換をした。そこに二百六十年の太平を保つ大きな要因があったのです。

今、日本は正式な軍隊は持ちませんけれども、経済の面では優勝劣敗、弱肉強食のような行き方が次第に露骨化しているように思われます。これをいかに教導するかによって、日本の将来は大きく変わっていくでありましょう。そういうときに、『論語』に学ぶことは将来を思ううえにおいても、甚だ時宜《じぎ》を得たものであると思います。

仁の精神を貫いて生きる

孔子の教えはまた『論語』の教えでもありますが、その中にある「一以て之を貫く」の「一」は申すまでもなく「仁」ということです。これをキリスト教では「愛」といい、仏教では「慈悲」といったということも既にお話申し上げました。

その「仁」を理想として二千数百年の家系を保ったのが孔子の家であり、日本では天皇家であります。いろんな変遷はあったけれども、現に連綿として両家が続いておるのは、この「仁の精神」にのっとったためだと申していいでしょう。したがって、ものを継続していく、発展させていく根本の働きは「仁」にある。その「仁」については『論語』の中で六十章もあります。いろんな角度からこの「仁」を論じています。

それを二、三、復習してみましょう。

子曰《のたま》わく、賜《し》や、女《なんじ》は予《われ》を以て多く学びて之を識《し》る者と為すか。對《こた》えて曰わく、然《しか》り、非《ひ》なるか。曰《のたま》わく、非なり。予は一《いつ》以て之を貫《つらぬ》く。【衛霊公第十五】

先師がいわれた。「賜よ、お前は私が多く学んで何でも知っているのですぐれていると思うのか」。子貢が答えた。「むろんそう思いますが、間違っておりますか」。先師が言われた。「それは間違っている。私はただ一つのことで貫いているのだよ」

こういうふうに答えられたわけです。「賜」は子貢のことです。もう既にご承知の、孔子門下の中で最も秀才ともいうべき人です。

しかし、子貢は「一以て之を貫く」ということに対して深い思索をしなかったので、のちに「終身之を行うべき者之有りや」という質問をしている（衛霊公第十五）。そうしたら孔子は「其れ恕《じょ》か。己の欲せざる所、人に施すこと勿《なか》れ」と答えています。

その「一」ということを「恕《じょ》」といっている。「恕」というのは仁が外に形となって表れたもので、「吾の如く相手を思う」という思いやりのことです。

子曰《のたま》わく、参《しん》や、吾が道は一《いつ》以て之を貫《つらぬ》く。曾子曰わく、唯《い》。子出《い》ず。門人問うて曰わく、何の謂《いい》ぞや。曾子曰わく、夫子《ふうし》の道は忠恕《ちゅうじょ》のみ。【里仁第四】

先師がいわれた。「参よ、私の道は一つの原理で貫いているよ」。曾先生が「はい」と歯切れよく答えられた。先師は満足げに出て行かれた。他の門人が「どういう意味ですか」と問うた。曾子が答えられた。「先生の道は忠（まこと）と恕（思いやり）だと思うよ」

「参」は曾子の名です。この人は孔子の教えを最も素直に後世に伝えた人ですね。

その曾子は、孔子の道は「忠恕」だと受け取ったわけであります。これは孔子が直接いった言葉ではありませんけども、曾子はそう受け取った。

「忠」とは自分に対するものであり、「恕」は人に対するものである。自己自身を欺かないことを「忠」といい、あるいは全力投球することを「忠」といいます。

一方、人に対しては「恕」である。それから「仁」には自己自身に対するものと、人に対する両面があるんだという。

その「仁」のところで、もう一つ。前回も出てきましたが挙げておきます。

顔淵、仁を問う。子曰《のたま》わく、己に克《か》ちて禮に復《かえ》るを仁と為《な》す。一日《いちじつ》己に克ち禮に復れば、天下仁に帰《き》す。仁を為すは己に由《よ》る。而《しこう》して人に由らんや。顔淵曰わく、請《こ》う、其の目《もく》を問わん。子曰わく、禮に非ざれば視ること忽れ、禮に非ざれば聴くこと忽れ、禮に非ざれば言うこと忽れ、禮に非ざれば動くこと忽れ。顔淵曰わく、回《かい》、不敏《ふびん》なりと雖も、請う、斯《こ》の語を事《こと》とせん。【顔淵第十二】

顔淵が仁の意義を尋ねた。先師が答えられた。「私利私欲に打ち勝って、社会の秩序と調和を保つ礼に立ち戻るのが仁である。たとえ一日でも己に克って礼に帰れば、天下の人もおのずから仁になっていく。その仁を行うのは、自らの意志によるべきで、他人の助けによるべきではない」。顔淵がさらに尋ねた。「それではその仁の実践についての方法をお教えください」。先師が答えられた。「礼にはずれたことは視ないように、礼にはずれたことは聴かないように、礼にはずれたことは言わないように、礼にはずれたことは行わないようにすることだ」と。顔淵は言った。「私はまことに至らぬ者ではございますが、今お教えくださいましたお言葉を一生かけて実行していきたいと存じます」

孔子の第一の門下、孔子や他の人からも、孔子の教えを最も正しく引き継ぐ人は顔淵であろうと思われていた。顔淵は師に先立って亡くなりますが、その第一の弟子が「仁」ということを聞いたら、孔子は「己に克って礼に帰ることが仁だ」と答えた。一番弟子の問いに答えたのだから、これが一番、的《まと》に近いかもわかりませんね。自己自身の欲望に打ち勝って、そして社会の秩序と調和を保つうえに欠くことのできない大切な礼に帰る。あるいは、礼を実践する。これが「仁」だといっております。

しかし、「自分が私利私欲に打ち勝つ」ということは、言うべくして甚だ難しいことなんですね。その「仁」を実践して行くうえにおいて最も手近な方法が「礼」というものだと、ここにも申しております。

礼の心は「譲る」にある

この「礼」ということは孔子の教えの柱です。心の世界においては「仁」であり、外に表れる形においては「礼」である。

この時代の「礼」は、本来、社会的規範をいっておるのであります。社会的規範とは、長い間、時間をかけて共通の認識となっていったものです。法律とは違う。ある特定の人が、これが便利がいい、都合がいいといって作ったものが法律であります。広い意味からいうと法律も礼の中に入るわけでありますけれども、孔子のいう「礼」とは、そういう社会的規範である。その社会的規範には罰則がない。礼には罰則がないのです。それに罰則がついたときに法律となるわけであります。

まあ、なかなか罰則なしにそれを行うということは、実は言うべくして難しい。「百年河清《かせい》を俟つが如し」でね。手っ取り早いのはやっぱり法律というもので、これを犯したならば罰する。けれどもこれは本当ではない。人間はやっぱり本当の人間としての誇りを持つならば、罰則のあるなしにかかわらず、やるべきことをちゃんとやっていく。即ち自分の判断においてやっていくというのが本来のあり方であります。

有子曰わく、禮の和を用て貴《たっと》しと為《な》すは、先王《せんのう》の道も斯《これ》を美と為《な》す。小大之《しょうたいこれ》に由《よ》れば、行われざる所あり。和を知りて和すれども、禮を以て之を節《せつ》せざれば、亦《また》行うべからざるなり。【学而第一】

有先生がいわれた。「礼に於いて和を貴いとするのは、単に私の独断ではない。昔の聖王の道も美しいことだとした。そうかと言ってすべての人間関係を和一点張りでいこうとすると、うまくいかないことがある。和の貴いことを知って和しても礼（敬・謝・謙・譲などの心）を以て調節しないと、これまたうまくいかないのである」

これは非常に重要なことでありまして、礼というものは形に表れるものですね。礼の心には、敬、謝（感謝）、謙、そして譲などが内在する。そういう心のない形だけのものを「虚礼」ということを申し上げました。

そして礼の心を代表するものは「敬」であります。その敬の中で一番のもとになるのは、「慎む」という自己自身の体や心を引き締めることであり、ついで相手を「敬う」ことです。礼の原典である『礼記』の冒頭には、「礼は慎みにあり」とあります。

さらに現代においては、「譲る」という心が段々減退しています。弱肉強食の世界には「譲る」ということはありません。

要するに、和というものが表面的には非常に大切だが、和だけではどうしても流されていく。そこで、敬をはじめ、謝、謙、譲の心を以て引き締める。その引き締めることを「節」というのです。

現代、世の中の大きな乱れのもとは「敬」や「譲」を忘れたことであります。学校教育においては、戦後は「和を以て貴しと為す」が重んじられ、中でも平和をいわざるものは人にあらずで、学校はじめ社会一般が「和」一点張りで進んできました。しかし、その学校内において暴力教室が出てきたり、いじめが起こったりしておるのはどういうことか。

これが一番よく表れるのは言葉であります。日本語の特長である敬語が非常に乱れた。「人間は平等だ」といって、先生や親に対してもぞんざいな口をきき、収拾がつかなくなっておるのが現代です。現代の秩序を取り戻していく一番基本になるものは「礼を以て之を節する」ということです。

子曰《のたま》わく、能く禮譲《れいじょう》を以て国を為《おさ》めんか、何か有らん。能く禮譲を以て国を為めずんば、禮をいかんせん。【里仁第四】

先師がいわれた。「礼の根本である譲る心を以て国を治めれば、なんの難しいことがあろうか。その譲る心を以て国を治めなければ、礼制がいかに整っていてもどうしようもないであろう」

形がいかに整っておってもどうしようもない。その礼の心というのは「譲」にある。譲を以て国を興す、また家を興すのです。

この譲を以て国を興していったのが、あの有名な上杉鷹山《ようざん》であります。今でも米沢に行きますと興譲館《こうじょうかん》という高等学校が残ってます。鷹山は興譲館という藩校をつくり、「譲」というものを重んじた。武士優先の時代に「譲る」ということを以て国を興した。

もう一人、「譲」を以て国の中の建て直しをやった人がいます。二宮金次郎であります。

二宮尊徳は「譲」のことを「推譲」といって、行いの根本にしています。

行いのもとにあるのは義か利か

もう一つこの「礼」と同じように大事なものに「義」があります。「義」に対するのが「利」です。人の行いを見る場合に、これは義の上に立っているのか、利の上に立っているのか。この「義利の弁」を知ることが、その人を見ていくうえにおける非常に重要なポイントになる。「弁」というのは「わきまえる、区別する」ことですね。

子曰《のたま》わく、君子は義に喩《さと》り、小人は利に喩る。【里仁第四】

これは何度も出てきましたので、繰り返し説明はしません。一つだけいえば、商売をする人は利に喩るほうだから、うっかりすると小人の中に入れられる。けれども、利に喩るとともに義を思うということが、また大切なんです。「得《う》るを見ては義を思う」（季氏第十六）という言葉がありますが、これも「利を見ては義を思う」と同じことでありましょう。

子路、成人を問う。子曰わく、臧武仲《そうぶちゅう》の知《ち》、公綽《こうしゃく》の不欲、卞荘子《べんそうし》の勇、冉求《ぜんきゅう》の藝の若《ごと》き、之を文《かざ》るに禮楽を以てせば、亦以て成人と為《な》すべし。曰わく、今の成人は、何ぞ必ずしも然らん。利を見ては義を思い、危うきを見ては命を授け、久要《きゅうよう》、平生の言を忘れざる、亦以て成人と為すべし。【憲問第十四】

子路が成人の資格について尋ねた。先師が答えられた。「臧武仲（魯の大夫）の知、孟公綽（魯の大夫）の無欲、卞荘子（魯の下邑の大夫）の勇、冉求（孔子の弟子）の多芸を兼ね、さらに礼楽によって磨きをかけたら成人といってよかろう。然しながら、今の成人はそれほどでなくともよかろう。利益を得るにあたっては道義を思い、国の危難を前にしては一命をかけてあたり、古い約束や普段の軽い言葉であっても忘れなければ、まあ成人といえるだろう」

最近よくいわれる「成人」という言葉はここから出ています。

子曰《のたま》わく、利に放《よ》りて行えば、怨み多し。【里仁第四】

先師がいわれた。「利ばかり求めて行えば、やがてお互いに怨みあうようになる」

これも説明するまでもないことです。

このように、現代我々が日々暮らしていくうえにおいても、また事業を営むうえにおいても、これを十分にわきまえながらやっていく。利を表にした場合には、必ず裏に義がなくてはいかん。義を表にしたときには、その裏に利というものを忘れてはならないということであります。

澁澤栄一先生は、経済と道徳、片手にそろばん、片手に『論語』をもって大成しました。どちらを表にするかは「時によって」でありますけれども、これを別個に考えては物事は完成するものではないといっております。

正しいという字は「一に止まる」と書いてある。一とは「道理道義」のことであります。自分に都合がいいとか悪いとかいうんじゃない。道理に適っていることを至善というが、これは「一」であり、絶対である。そこに至って止まることを「正《せい》・正しい」と言う。まあ、そういうことで、この澁澤栄一先生は時代を超えて偉大なる実業家であるとともに、偉大なる道徳家でもあります。

皆さんにおかれては、これからいろんな問題も起こって参りましょうが、どうか自らのお仕事に使命感をもって敢然として進まれるとともに、日本や世界の将来にも深い思いを寄せられて一層のご尽力を心から念ずるものであります。

生ありせば、再びお目にかかることを楽しみとして、大部分の方々とはお別れを致したいと思います。どうも長い間ありがとうございました。

あとがき

伊與田覺先生は今年九十一歳になられる。

本書は平成十六年三月から平成十七年二月までの一年間、株式会社日本創造教育研究所（代表・田舞徳太郎氏）の社長塾で伊與田先生が話された講義をまとめたものである。

初めて伊與田先生の講義を拝聴した時のことは今でも忘れない。約三時間、立ったまま背すじをピンと伸ばし、粛々と話される。その姿には、長年にわたり、聖賢の学に親しんでこられた人独特の風格、風韻があった。

しかも、それまで古典などにほとんど関心を示さなかったろう中小企業の経営者たちが、吸い寄せられるように耳を傾けている。

真に学問をした人、学問を体に溶けこませるように積み重ねてきた人だけが現出し得る世界が、そこにあった。

そういえば、以前、伊與田先生から伺った話がある。先生が成人教学研修所の所長として山中に暮らしておられた頃の話である。

ある朝、小道に歩を運ばれていると、枝先に、熟す寸前の柿の実を見つけられた。明日は完全に熟すだろう、取って食べるのは明日にしようと思い、そのまま戻られた。次の朝、先生は楽しみにして柿のほうに歩んでいかれた。ところがどうだろう、柿の実はすっかり鳥がついばんでしまっていた。

まさに鳥は完熟の一番おいしいタイミングを知っていると、伊與田先生は笑っておられたが、この話を聞いた時、経営者が吸い寄せられるように先生の話に耳を傾けるのは、先生の学問が完熟しているからではないかと思った。

先生が八十数年、学び続け、完熟に近い形にした古典の叡智をいま私たちは感受している。一年間に及ぶ先生の講座は、私をしてそう思わせるものがあった。

学問には四つの段階があるという。

「蔵学」

「修学」

「息学」

「遊学」

である。もっぱら蔵《おさ》め、蓄積するのが先の二段階である。そこを過ぎると、学ぶことが呼吸するのと同様に自然なものとなり、ついには学びが自己と一体化する。先生の学問は完熟し、その領域に入っておられるように思う。


多くの人が本書を通してその淵源に触れ、古典に学ぶ歓喜を味わっていただければ、と願わずにはいられない。

平成十八年三月吉日

致知出版社
社長　藤尾　秀昭

【著者略歴】

伊與田 覺（いよた・さとる）

大正５年高知県生まれ。学生時代から安岡正篤氏に師事。昭和15年青少年の学塾・有源舎発足。21年太平思想研究所を設立。28年大学生の精神道場有源学院を創立。32年関西師友協会設立に参与し理事・事務局長に就任。その教学道場として44年には財団法人成人教学研修所の設立に携わり、常務理事、所長に就任。62年論語普及会を設立し、学監として論語精神の昂揚に尽力する。

「人に長たる者」の人間学

——修己治人の書『論語』に学ぶ——

平成十八年 四 月六日第一刷発行

令和 四 年十一月十日第六刷発行

著　者　伊與田 覺

発行者　藤尾 秀昭

発行所　致知出版社

〒150-0001東京都渋谷区神宮前四の二十四の九

TEL（〇三）三七九六—二一一一

印刷・製本　中央精版印刷

落丁・乱丁はお取替え致します。　（検印廃止）

ISBN978-4-88474-742-8 C0095

ホームページ　https://www.chichi.co.jp

E メール　books@chichi.co.jp

ビジネス・経営シリーズ

人生と経営
稲盛和夫 著

京セラ・KDDIを創業した稲盛和夫氏は何と闘い、何に苦悩し、何に答えを見出したか。稲盛和夫の原点がここにある。

定価／税込 1,650円

成功の要諦
稲盛和夫 著

稲盛氏が五十五歳から八十一歳までに行った六度の講演を採録。氏の成功哲学がここに凝縮されている。

定価／税込 1,650円

百年以上続いている会社はどこが違うのか？
田中真澄 著

時代を越えて商売繁盛を続ける永年企業は何が違うのか？老舗研究五十年のカリスマ講師が語る商売繁盛の法則。

定価／税込 1,760円

志のみ持参
上甲晃 著

「人間そのものの値打ちをあげる」ことを目指す松下政経塾での十三年間の実践をもとに、真の人間教育と経営の神髄を語る。

定価／税込 1,320円

男児志を立つ
越智直正 著

人生の激流を生きるすべての人へ。タビオ会長が丁稚の頃から何度も読み、血肉としてきた漢詩をエピソードを交えて紹介。

定価／税込 1,650円

ドラッカーに学ぶ人間学
佐藤等 著

ドラッカー学会共同代表理事を務める著者が、膨大なドラッカーの著作の中から、三十七の言葉を選び、ビジネスパーソン向けに解説を加えたマネジメントの教科書。

定価／税込 1,760円

立志の経営
中條高德 著

アサヒビール奇跡の復活の原点は「立志」にあり。スーパードライをトップブランドに育て上げた著者が語る、小が大を制する兵法の神髄とは。

定価／税込 1,650円

人生の合い言葉
上甲晃 著

志ネットワーク「青年塾」代表として、二十五年間で、二千五百名もの志ある若者たちを育ててきた著者。その「青年塾」の〝合い言葉〟七十の秘伝を公開。

定価／税込 1,540円

プロフェッショナル100人の流儀
藤尾秀昭 監修

月刊誌『致知』から生まれた金言集。稲盛和夫、王貞治、道場六三郎、山中伸弥など、各界のプロフェッショナルたちが貫いてきた流儀とは。

定価／税込 1,320円

小さな経営論
藤尾秀昭 著

『致知』編集長が三十余年の取材で出合った、人生を経営するための要諦。社員教育活用企業多数！

定価／税込 1,100円